全国教育科学“十四五”规划课题
“‘家长学校’教育质量评价模型构建与质量验证”
（批准文号：BSA240232）科研成果

故事里的家庭教育学

——0~3岁儿童家庭教育指导手册

总主编 赵 刚 本册主编 于冬青

长江出版传媒 | 湖北教育出版社

家庭教育学：幸福人生的必修课

当今社会，我们常常在忙碌的生活节奏中，遗忘了一些极为基础却又关键的生活常识。在传统认知里，人生中有两件大事：成家、立业。它们如同人生坐标系的双轴，共同标定着个体价值的维度。然而，令人惋惜的是，当下众多人在追逐事业巅峰的过程中，不经意间偏离了“家庭”这一生活的原点。大多数人接受教育是为了提升生活品质，获得幸福。一个人的幸福指数，由家庭生活的美满程度及其获得的社会评价共同构筑。试想，若家庭内部夫妻关系紧张、亲子关系对立，那么身处其中的人，又怎能真切体会到幸福呢？在社会舞台上，我们的角色不断变换，充满不确定性，而家庭角色却相对稳定且贯穿一生。当好一位处长、厂长等社会角色需要历练，而成为一名优秀的家长，同样需要持续学习、用心感悟以及不断自我提升。

人类以家庭的形式构建生活，这是文明进步的标志。作为社会结构的基本单元，家庭承载着情感慰藉、安全互助、生命延续、两性和谐等诸多重要责任与功能。生育子女是实现生命繁衍的关键环节，鉴于此，长辈在家庭教育中肩负着培育下一代的核心责任。尽管工业革命催生了大规模的学校教育，但家庭特有的教育功能仍然是学校教育所无法替代的。家庭文化的熏陶、家庭生活的点滴、家人之间的关系以及家长的一言一行，都在潜移默化中影响着孩子未来的处世方式与生活态度，也决定了他们的人生质量。人类教育发展到现在，一个被证明了的经验或者说教训就是，缺失家庭教育的教育体系，往往难以造就幸福的、高素质的人才。

有人说，家庭是孩子的第一所学校，家长是孩子的第一任老师。在当下，这句话有着更为深刻的内涵。如今，家庭常常成为孩子继续完成学校作业的第二场所，家长大多也只是履行抚养孩子的基本职责，并未充分意识到以身作则、言传身教的教育责任。学校老师的专业化教育固然重要，但若作为第一任老师的家长，未能将孩子教导得通情达理、具备基本生活能力，那么即便学校老师使出浑身解数，也难以将孩子塑造成有用之才。由此可见，作为人生第一所学校的家庭、作为孩子第一任老师的家长，其作用无可替代。我国未成年人口数量庞大，其背后的父母与祖辈更是一个规模可观的群体。这一群体的素质以及其在教育中发挥的作用，对国家治理水平和教育现代化进程有着重大影响。因此，这套《故事里的家庭教育学》的价值不言而喻。

2025 年，正值“中国近代幼儿教育之父”陈鹤琴先生 1925 年所著《儿童心理之研究》《家庭教育》两本书出版 100 周年。这两本书的出版是中国现代儿童教育、家庭教育“中国化、科学化、大众化”进程开始的重要标志。我们这套《故事里的家庭教育学》在百年之后与之呼应，旨在向陈鹤琴先生致敬，并再次强调：家庭是人生的幸福原点，家庭教育是每个人受教育的起点，家庭教育这门学问，是一个人学习与实践的必修课。愿这本以事喻理、力求通俗的“学”能为您所用，转化为助力子女成长之“行”。

赵　刚

目录

第六章 家庭中的语言教育

第七章 家庭中的艺术启蒙

第八章 家庭中的家长教育

前言

国务院办公厅《关于促进3岁以下婴幼儿照护服务发展的指导意见》指出，要加强对家庭的婴幼儿早期发展指导，增强家庭的科学育儿能力。

我们结合该指导意见和我国3岁前儿童家庭教育的相关研究，从家庭教育故事出发，撰写了这本通俗易懂的家庭教育指导读物。书中为家长解读了3岁前儿童家庭教育理论内容及家教故事，对故事进行点评，提出指导策略。全书整体结构新颖，有层次；各章节理论与实践相结合，配有家教故事和拓展阅读材料，鲜明生动，深入浅出，能有效促进家庭教育质量全面提升。

本册书主编为东北师范大学教育学部学前教育学院于冬青教授。具体分工如下：于冬青负责拟定全书框架、统稿、制定编写标准和编写第一章；荀嗣淋负责编写第二章、第三章；王宇萌负责编写第四章、第五章；王晓冉负责编写第六章、第七章、第八章。

本书在编写过程中得到了东北师范大学教育学部赵刚研究员的大力支持和帮助。湖北教育出版社的刘书慧主任为此书的出版付出了大量心血。书中还引用了国内外教育同行的一些研究成果，在此一并表示衷心的感谢。鉴于编者水平有限，敬请广大同行多提宝贵意见，以便不断修订完善。

于冬青

第一章　胎儿的保育与教育

第一节　孕期健康指导

育龄妇女停经40日，应到医院进行检查，确认怀孕后及时到妇幼保健医院或社区卫生服务中心领取孕产妇保健手册。孕妇要避免感染，合理用药，避免放射线照射及接触有毒有害物质。孕期尤其是妊娠前8周是胚胎组织器官分化、发育的关键时期，应在医生指导下选择对胎儿无害的药物。孕期妊娠12周内和28周以后应避免性生活，以免诱发子宫收缩而造成流产等问题。孕妇应学会自我监护，比如识别胎动、胎心情况等，如有其他异常症状，如阴道出血、妊娠3个月后仍持续呕吐、寒战发热等应立即就诊。

相传周文王之母太任妊娠期间注重胎教，眼睛不看邪祟的东西、耳朵不听不和谐的声音、嘴里不说恶语脏话，因而孕育了中国历史上的一代圣君。后来的古籍中也有不少有关胎教的记载。古人认为，妇女怀孕期间应“调情志，忌房事，节饮食，适劳逸，慎寒温，戒生冷”，以创造条件使胎儿健康发育。

胎教是终身教育的第一步，我国从古至今就重视胎教。大众普遍认为，胎儿能感知母亲的言谈举止，并会长期保存在记忆中。好的胎教会养育出好的宝宝。

教子有方小课堂

1. 孕妇应注意营养

从受精卵到新生儿，这奇迹变化的物质基础便是母亲供给的营养。尤其怀孕中后期，胎儿生长发育，特别是大脑发育得很快，更需要孕妇提供充足的营养，所以孕妇要多吃些肉类、乳制品、蛋类、豆类、蔬菜、水果等食物，保证摄入充足的热能、蛋白质、钙、铁、维生素等。

2. 孕妇应保持愉悦的心境

母亲与胎儿在生理上存在着一种通路，当怀孕母亲受到惊吓，与大脑皮层相连的下丘脑便会发出指令，身体就会出现如脉搏加快、瞳孔放大、手心出汗、血压升高等现象，而且信号传入内分泌系统，促使神经激素分泌加剧，经常出现这种情况会影响胎儿的生长发育。

3. 孕妇应避免不健康的生活方式

孕妇不要吸烟、喝酒、随便用药。烟草中的尼古丁等有害物质，可经由胎盘传入胎儿体内，导致胎儿发育迟缓，严重的会致早产或死亡；酒精中的有害物质也很容易通过胎盘被胎儿吸收，胎儿可能出现“胎儿酒精综合征”，日饮烈性酒300毫升，胎儿的畸形概率为5%；还有些药物对胚胎和胎儿的影响很大，药物致畸主要发生在妊娠头三个月，因而孕妇一定要按照医师的指导用药。

4. 营造温馨、舒适、整洁的生活环境

家庭物质环境是基础，是直接影响家庭精神环境的重要因素。如果家庭物质环境不好，家庭精神环境就很难和谐。我们这里所指的家庭物质环境不仅仅局限于孕妇的吃穿用度，还包括可能对孕妇产生影响的所有家庭物质资料。需要强调的是，家庭物质环境并非豪华就好，重要的是温馨、舒适、整洁。

第二节 孕期夫妻关系指导

夫妻关系和谐是孕期健康生活的重要指标。丈夫及家人应该给予孕妇充分的关怀和爱护，让孕妇心情愉悦。准妈妈情绪稳定健康快乐，宝宝才能健康快乐。孕妇如长期处于焦虑、抑郁、紧张等不良情绪中，会对孩子成年后的性格、心理素质等产生影响。

晓月和吴军是一对年轻夫妇。当初晓月怀孕时，主要由晓月的妈妈照顾。吴军性格开朗热情，喜欢和同事朋友聚会。

他觉得妻子怀孕是妻子一个人的事情，自己的主要任务就是挣钱、应酬，多给妻子买一些好吃的。因此，他家务活很少做，对妻子的感受也很少过问。孩子出生后，吴军激动万分，大摆宴席。然而，随之而来的却是无尽的烦恼：晚上不能好好休息，吃饭也常常被打断，妻子也变得烦躁起来，他在工作中不能集中注意力，连聚会活动都不能参加了。吴军开始整日无精打采，和妻子的关系也越来越冷淡。本来他们夫妇是非常想要一个孩子的，如今孩子来了，他们却陷入了困惑。他们不仅没有体会到为人父母的幸福和喜悦，而且还丧失了自我。

从孩子的孕育到长大成人，父母需要思考如何做得更好，这是一个持续不断的过程。人在每个阶段都有不同的任务和挑战，父母应伴着孩子的成长而成长。如果准父母能够通过学习做好准备，孩子降生后就能很快适应，不会慌乱，也能主动承担起各自的责任。

教子有方小课堂

1. 夫妻共同营造良好的家庭氛围

丈夫能调节婆媳关系和家庭氛围，在传播科学孕期知识和育儿理念方面起着重要作用。同时，对于孕妇来说，丈夫参与孕期保健，愿意承担家庭责任，并适应父亲角色会增加孕妇的安全感，有利于夫妻关系和谐。在孩子降生后，家庭成员之间互敬互爱、互相关心、互相体贴，和睦愉快的情绪和气氛，能促进孩子各方面的发展。

2. 夫妻共同创设孕育下一代的家庭环境

家庭环境可以从多角度对家庭成员，特别是对孩子进行熏陶，产生极为深刻的教育作用，即所谓“无意识”的教育。

夫妻可以共同布置有利于孩子成长的家庭环境。比如通过墙壁向孩子昭示家庭的文化底蕴。更重要的是，要让书籍成为家庭中不可缺少的物质资源。家庭藏书对孩子来说，一方面可以为他们提供精神食粮，满足他们的求知欲；另一方面，家庭的阅读氛围会潜移默化地影响孩子的阅读水平。

第三节　科学胎教方法

现在我们说的胎教，广义上是指为了促进胎儿生理上和心理上的健康发育，同时确保孕妇能够顺利地度过孕期所采取的精神、饮食、环境、劳逸等各方面的保健措施；狭义上是指根据胎儿各感觉器官发育成长的实际情况，有针对性地、积极主动地给予适当合理的信息刺激，使胎儿建立起条件反射，促进其大脑功能、躯体运动功能、感觉功能及神经系统功能的成熟。换言之，狭义的胎教就是在胎儿发育成长的各时间段，科学地提供视觉、听觉、触觉等方面的教育，通过音乐、说话、抚摩等方式，使胎儿大脑神经细胞不断增殖，神经系统和各个器官的功能得到合理的开发和训练，以最大限度地发掘胎儿的智力潜能，达到提高人类素质的目的。

西班牙有一所专门研究产前教育的研究所，其研究结果表明，胎儿能够体会和感知外界有意识的刺激行为，还会长期保留在记忆中，并对其未来的个性以及体能和智能产生相应的影响。

美国的范德·卡尔医生研究得出，接受过胎教的新生儿大脑中已经储存了一定量的词汇，有的已经掌握了约 50 个单词，这些新生儿个个说话早、词汇多、体格健壮、情绪稳定、音乐感受力强。

现代医学研究证明，生活在子宫里的胎儿是个能听、能看、能动、能感觉到外部刺激的小生命，孕妈妈对外界事物的感受都能通过某种方式巧妙地传递给胎儿，影响着胎儿的生长和发育。

教子有方小课堂

科学胎教，是指孕妇从怀孕早期就开始有效控制其身体内外的各种条件，有意识地给予胎儿良好的刺激，防止不良因素对胎儿的影响，使胎儿具有更好的身体和智力素质，为出生后的健康成长和智力发展打下良好的基础，包括情绪胎教、音乐胎教、光照胎教、抚摩胎教、言语胎教等。

目前，国内外广泛采用的胎教方法主要有以下几种：

1. 音乐胎教法

将音乐作为胎教的内容受到科学界的一致肯定。音乐的节奏和独特的音响可以引起人的生命活动周期(如心率、呼吸率等)的变化，它既可以帮助孕妇改善身心状况，提高免疫力，又可以使胎儿获得充分的刺激。音乐胎教宜从胎儿四个半月到五个月月龄时开始，在胎儿每天醒来的时候进行胎教，每次 15 分钟左右即可。用于胎教的音乐应经过严格的筛选。适合做胎教音乐的曲子应该具备以下条件：①器乐曲宜优美活泼、音色丰富、和声简明、篇幅适中，切忌单调冗长。②声乐曲宜欢快、明朗，内容以歌颂大自然，歌颂祖国、家乡，讴歌生活和人生为主。胎教音乐也可以由父母演奏或演唱。

2. 言语胎教法

言语作为一种听觉材料，有着比音乐更频繁、更复杂的音位变化，也是胎教的重要内容。胎儿熟悉了父母的声音，可以减少胎儿出生后对人际环境的陌生感和不安全感，提高胎儿出生后对言语的敏感性。言语胎教还可以激发胎儿脑细胞的增长，为胎儿大脑左右半球言语功能的平衡发展奠定基础。胎教的言语材料也必须经过严格的挑选，如格调清新、篇幅短小的诗歌、散文，活泼诙谐、富于哲理的童话、寓言故事等，都是很好的胎教言语材料。

3. 体操胎教法

父母有意识地帮助胎儿在母腹内做“体操”。胎儿七周时就开始在母腹内活动，胎儿的活动从简单到复杂，从轻轻地蠕动到吞吐羊水、眯眼、咂指头、握拳头、伸展四肢、转身、摇头等。一般到第四个妊娠月时，孕妇就能感觉到胎动。孕妇轻轻地抚摩腹部，可以促进胎儿的活动，使胎儿血液循环加快，单位时间内摄入的氧气增多，促进胎儿的心脏、呼吸系统、肌肉和骨骼系统、大脑皮层乃至整个神经系统的发育。

孕妇可通过两种方式帮助胎儿做“体操”：第一种方式是孕妇通过触摸腹部的方式直接促使胎儿运动。即孕妇平躺在床上，全身放松，用手抚摩腹部，触及胎儿。第二种方式是通过孕妇的锻炼活动，使母体血液循环加快，呼吸加深，体位变动，间接促进胎儿的活动，带动胎儿做“体操”。孕妇体操的基本姿势有仰卧姿、跪姿、立姿三种。特别需要注意的是，孕妇应量力而为，锻炼以 5~10 分钟为宜，动作宜舒缓，幅度不宜过大。

4. 光照胎教法

胎儿的视觉较其他感觉功能发育更慢。孕妇从怀孕 24 周开始，可每天定时在胎儿醒来时用手电筒 (弱光) 作为光源，照射胎头方位的腹壁，每次 5 分钟左右，结束前可以连续关闭、开启手电筒数次，以利于胎儿的视觉健康发育。但切忌强光照射，同时照射时间也不可过长。要根据妊娠时间来决定刺激的强度与时间，切忌较大强度的刺激，否则会造成相反效果，对腹中胎儿不利。

第二章　家庭营养与健康生活指导

第一节　重视母乳喂养

世界卫生组织倡导纯母乳喂养应至少持续到婴儿 6 个月，以实现婴儿的最佳生长发育和健康发展。《3 岁以下婴幼儿健康养育照护指南（试行）》指出，6 个月内的婴儿提倡纯母乳喂养，不需要添加水和其他食物，每日 8~10 次以上，使婴儿摄入足量乳汁。

婴儿喂养，尤其是母乳喂养，是儿童营养的重要基础。母乳中含有婴儿成长所需的各种营养物质，有利于增强婴儿的抵抗力、免疫力。母乳中含有大量的免疫物质，可以让婴儿少生病；母乳营养均衡、配比最佳，有利于婴儿的消化，能够保证新生儿肠道安全地发育成熟，促进婴儿健康成长。同时，母乳喂养有利于增进母子感情，帮助母亲与婴儿建立亲子关系。因此，母乳喂养是新生儿喂养方式的首选。

小宝的妈妈是一个年轻漂亮的上班族，对自己身材管理非常严格，也非常热爱自己的工作，所以在小宝出生后，小宝妈妈想用奶粉喂养小宝。小宝的奶奶则坚持认为母乳才是最好的，小宝妈妈和小宝奶奶经常因为这件事吵架。小宝奶奶认为“母乳喂养的孩子要比喝奶粉的孩子聪明”，而小宝妈妈认为“母乳喂养会让她无法正常工作”。

故事中的妈妈没有认识到母乳喂养的重要性。对婴儿来说，母乳中含有丰富的营养物质，有利于婴儿健康发育。对妈妈来说，母乳喂养可以帮助子宫恢复，减少阴道出血，预防产后贫血，促进身体康复；降低停经前罹患乳腺癌的概率；降低特定形式卵巢癌的发生比例；消耗多余脂肪，促进体型恢复；抑制排卵，有助于推迟再次妊娠的时间。所以每一位新手妈妈了解母乳喂养的益处、正确掌握母乳喂养的方式与要点是促进婴儿健康成长的前提。

教子有方小课堂

1. 应尽早开奶

分娩后 7 天内的乳汁为初乳，含有丰富的营养物质和免疫物质，具有很高的营养价值，因此应鼓励产妇尽早开奶。世界卫生组织推荐，产妇应在产后半小时内开奶。早开奶不仅能让婴儿尽快地吮吸到母乳，降低婴儿生理性黄疸、生理性体重下降和低血糖的发生率，还可以让产妇尽早建立泌乳反射，刺激泌乳。

2. 保持心情愉快

哺乳的妈妈要保证充足的休息和合理的营养，并保持良好的心态，以轻松的心情喂奶。如果妈妈在精神上有负担或者经常处于紧张状态，会影响乳汁的分泌。

妈妈在开始哺乳前，可以先把其他事情搁在一边，以婴儿为中心，然后一边想象你最喜欢的婴儿的动作和表情，一边为婴儿按摩，制造尽可能多的皮肤接触。这些想象和行为会让身体分泌具有镇定作用的激素，帮助你放松；还可以吃些营养点心，喝点水或果汁，洗一个热水澡或打一会儿盹。喂奶过程中，放些舒缓的音乐，想象你的乳房中有泉水涌出，或者请其他人站在你的身后，帮你按摩脖子、肩膀和背。这些都能达到放松的效果。

专辟一个喂奶区也是个不错的办法。在家里腾出一块专属于你和婴儿的区域，摆上一张你最喜欢的椅子（最好是扶手椅或有扶手的沙发，可以支撑你的手臂），还有枕头、脚凳、舒缓的音乐、营养的点心，以及果汁或水。

3. 喂养频率要顺应婴儿的成长

母乳喂养应顺应婴儿胃肠道成熟和生长发育的过程，从按需喂养模式到规律喂养模式递进。不要强求喂奶次数和时间，特别是 3 个月之前的婴儿，一般每天喂奶次数可在 8 次以上。随着月龄的增加，婴儿的胃容量逐渐增加，喂奶间隔会相应延长，次数减少，逐渐建立起良好的习惯。随着夜间睡眠时间的延长，婴儿逐步断离夜奶，这不仅可以培养婴儿良好的睡眠习惯，而且对保持口腔卫生和牙齿的健康也非常重要。

4. 养成良好的喂养习惯

首先，在进行母乳喂养之前一定要洗净双手，以免将细菌带给婴儿或感染乳头。在选择舒适的喂奶姿势的同时需要保证婴儿处于清醒状态，有饥饿感，并已更换干净的尿布。正确的喂奶姿势有斜抱式、卧式、抱球式，无论采用哪种姿势，都要支撑好婴儿的头颈部，让婴儿的头和身体呈一条直线。

其次，母乳喂养时推荐坐着哺乳，让婴儿轮流吮吸两侧乳房，吸尽一侧再吸另一侧。如果一侧乳房的乳汁已满足婴儿需求，应将另一侧的乳汁用吸奶器吸出并保存好。

最后，哺乳完成后应将婴儿竖直抱起，把头靠在大人肩上并轻拍背部，帮助其打嗝，以防止吐奶。

此外，不要让婴儿含着乳头睡觉，这样不仅不卫生，而且容易引起婴儿窒息、呕吐，同时还会影响牙床的发育，导致变形。

5. 母乳储存需谨慎

妈妈外出或者母乳较多时，可将母乳挤出存放。关于如何储存和使用母乳也有以下几点需要注意：

（1）母乳应该用干净且卫生的瓶子或存奶袋密封装好，并冷冻或冷藏储存；

（2）储存母乳的瓶子或袋子上需清晰地标明母乳的收集时间；

（3）母乳不能置于常温环境中存放，冷藏的母乳也不得超过 48 小时，否则容易滋生细菌；

（4）储存后的母乳在食用前需要加热，应用温水逐渐加热，不要用微波炉加热母乳；

（5）喂过婴儿后剩下的母乳应丢弃，不能继续食用。

第二节 科学添加辅食

随着婴儿逐渐发育，所需要的能量和营养量也逐渐增加，仅靠母乳或配方奶已经不能满足婴儿所需。从婴儿6月龄开始，就必须从辅助食品中获得其他额外的营养素。及时添加辅助食品可以刺激婴儿唾液和其他消化酶的分泌量增加，并增强消化酶的活性，提高婴儿的消化能力；可以促进婴儿牙齿发育，锻炼其咀嚼、吞咽能力；还可以促进婴儿嗅觉、味觉、视觉、触觉等神经系统的发育。

娜娜是一个乖巧可爱的小女孩，从出生就受到爸爸妈妈、爷爷奶奶的疼爱。娜娜现在已经一岁半了，但是还没有断奶，每次断奶的时候，娜娜都哭闹得厉害。每次妈妈见娜娜哭就心软，又给她奶喝。

贝贝7个半月了，贝贝妈妈发现贝贝不喜欢吃辅食，每次都吃得很少，有时候甚至一点都不吃。贝贝爸爸说："不吃就算了，你多喂点奶就行了嘛。"而贝贝奶奶说："小孩不能惯着，还是要喂的，就算吐出来也比一点不吃好。"对此，贝贝妈妈感到很困惑，不知道该如何是好。

王女士认为宝宝刚生下来就会自己吃奶，等到可以喂辅食的时候，宝宝也会自然而然地吞咽流质食物、咀嚼固体食物。但是，随着宝宝月龄的增长，王女士为宝宝添加了固体食物，却发现宝宝没有良好的咀嚼能力，无法咀嚼较粗或较硬的食物。这令王女士很担忧，她不明白宝宝明明可以自主吃奶，为什么到了吃固体食物的时候却不能很好地适应了呢？

断母乳也称“断奶”，要注意的是断奶并不是中断婴儿所有的乳类饮食，而是在停止母乳喂养后继续提供配方奶，等到孩子大一些，在停了配方奶后再继续提供新鲜牛奶或其他乳类食品。断母乳的过程是一个循序渐进的过程，也是一个需要家长与婴儿相互沟通、配合的过程。断奶时，婴儿常会哭闹，如果妈妈心软或态度不坚决，就会使先前为了断母乳所做的一切准备前功尽弃。所以为了婴儿的营养需要，家长在条件成熟时一定要意志坚定，才能断奶成功。

辅食是指除母乳以外任何一种含营养物质的食物。婴儿6月龄以后，需要逐步添加辅食，包括果汁、菜汁等液体食物，米粉、菜泥、果泥等半固体食物以及软饭、烂面、果块、蔬菜等固体食物。辅食的适时合理添加不仅能满足大于6月龄婴儿的营养需求，还能使婴儿学习进食，锻炼咀嚼和吞咽功能。

此外，家长还需要知道，吮吸和吞咽能力是婴儿的先天条件反射，并不需要学习，而咀嚼能力需要舌头、牙齿、面部肌肉、嘴唇等部位的配合，才能顺利将口腔里的食物咬碎，进而吞下。所以，咀嚼能力的发展需要婴儿长时间且经常性地练习使用整个口腔。家长对此需要有耐心，给予婴儿充分练习的时间。

教子有方小课堂

科学合理地添加辅食必须遵循一定的原则。辅食的添加原则：每次仅添加一种新食物，由少到多、由稀到稠，循序渐进。按顺序添加不同种类的食物，由流质、半流质、软质渐至固体食物，最后替代乳类。在母乳喂养的基础上，6~9 月龄婴儿每天需要添加辅食 1~2 次；9~12 月龄婴儿每天需要 2~3 次；12~24 月龄幼儿每天除了三餐正常进食外，还需要 2 次加餐。

辅食添加种类参考：

4~6 个月：菜汤、米糊、鸡蛋黄、烂粥、菜泥、水果泥、鱼肉泥、动物血；

7~9 个月：蒸蛋、豆腐、肝泥、肉末、烂面、饼干、碎菜、鱼肉；

10~12 个月：稠粥、软饭、挂面、馒头、面包、碎肉、豆制品。

在添加辅食时，还有以下几点注意事项：

1. 根据婴儿身体发育情况添加辅食

家长具体何时给婴儿添加辅食，主要是根据每个婴儿自身发展需要来决定的。家长可以根据婴儿发出的这些“信号”来判断是否可以开始提供辅食：能够较为稳定地控制头颈部，在有支撑的情况下可以坐稳，比如可以靠在椅子上，并且能坐好；对成人食物有强烈的兴趣，比如家长吃东西时盯着食物看；具有一定的眼、手、嘴协调能力，看见食物能够伸手去抓，有时候能够抓准，并能准确地放入口中；当家长用勺子喂食时婴儿会张开嘴，而不再用舌头顶出食物。

2. 奶类优先，继续母乳喂养

婴儿在 1 岁前仍然应以奶类作为主要食物，6~12 个月的婴儿每天应保证 600~800 毫升的奶量。奶类以母乳为优，若无法母乳喂养或母乳不能满足婴儿需要，可使用配方奶粉进行喂养。

3. 辅食应单独制作

辅食要注意少糖，不加盐和调味品，可添加少量食用油，保证原汁原味，健康清淡。1 岁以后，可以摄入少量盐分。给孩子准备的食物原料应新鲜，制作过程要卫生，现吃现做，因为少量细菌就可能引起孩子拉肚子。

4. 添加辅食要循序渐进

随着月龄的增加，应根据婴儿的需求增加食物的品种和数量。建议一次加一样，及时观察后再决定下一步要加什么以及何时加。每加一种食物都要观察至少两三天，看一下孩子有无异常反应。如果婴儿接受一种食物且不过敏后，就可以添加下一种食物了。

5. 选择优质辅食

应当选择含有高能量、高蛋白和微量元素的优质辅食，特别注意须含有铁元素，如高铁米粉、牛肉泥、猪肉泥类等，这些都是血红素铁的来源，是比较易于人体吸收的铁。煮熟的豆腐等豆制品都是高蛋白的食物，婴儿也是可以食用的。另外要限制果汁和低营养价值饮料的摄入。

第三节　锻炼自主进食

1~3 岁是幼儿练习咀嚼，学习进食的关键时期。幼儿从 2 岁开始，就会有强烈的自主意识，对饥饿感、饱腹感，以及不同食材带来的口感都有自己的感受。良好的进食习惯不仅能使幼儿营养摄入均衡，促进幼儿健康成长，还能促进幼儿形成良好的性格以及其他良好的行为习惯。

孩子自己进食可能会吃得少一点，会拿着勺子捣乱，会把食物撒得到处都是，但自主进食是孩子手眼协调能力、手部精细动作不断发展的好机会。家长要正确了解孩子的年龄特点和性格特征。锻炼孩子自主进食对其身心健康十分重要，所有家庭成员要共同努力，让孩子吃饭这件事变得愉悦起来。

吃晚饭的时候，小宝跑上跑下，没有想吃饭的意思，好不容易坐下了，却一会儿看电视，一会儿玩玩具。妈妈看小宝不吃，就不停地给小宝夹菜，“小宝，这个牛肉可好吃了，吃了力气会很大的哟”“小宝，多吃点胡萝卜，让眼睛更亮”……小宝碗里的菜都堆得像小山一样高了。小宝眼睛看着电视，心不在焉地往嘴里扒了几口饭，还嚷嚷道：“我吃饱了！”说完他便离开了餐桌。妈妈见了生气地说：“就吃这么一点，怎么能吃饱？”于是，小宝继续自顾自地玩，而妈妈在一边不停地喂饭……

上述故事是许多家长在孩子幼儿阶段会遇到的比较典型的情况。吃饭是孩子每天最重要的环节。正因如此，很多家长会更多地关注孩子吃得多不多、吃得好不好，从而忽略了对孩子自主进食行为的培养。

一直被喂饭的孩子，会失去很多学习的机会。他不能按照自己的节奏和愿望来探索世界、认识食物，每一顿饭、每一口饭都由大人替他决定。这样一来，孩子吃饭的乐趣就被成人的决定取代了。

一般而言，孩子的胃口比成人要小很多，当运动量不够、高蛋白摄入过多时，其食欲就会受到影响。成人容易把自己的感受强加于孩子，认为孩子挑食、厌食，逼迫其进食。长此以往，孩子的自我感受能力会下降，会越来越反感吃饭，最终形成各种不良饮食习惯。

教子有方小课堂

1. 培养孩子专注进食

专注进食是培养孩子自主进食最关键的一步。孩子注意力不集中，容易被其他事物吸引，从而降低对吃饭的兴趣。因此，吃饭时家长应停止孩子的其他活动，让孩子集中精力进食，切忌边吃边看电视、玩玩具等。

2. 家长要规范自己的用餐行为和态度

家长要以身作则，为孩子树立好的榜样，避免在进餐过程中出现玩手机等分散孩子注意力的行为。同时，家长也不要在餐桌上表现出对某种食物的喜恶，以免影响孩子对食物产生偏好，导致挑食、偏食等不良习惯的形成。

3. 保证孩子规律进食

为了培养孩子良好的进食习惯，应让孩子的进食时间基本与家长一日三餐的时间保持一致，以利于日后更好地接受家庭膳食。1~3 岁的孩子一日可进 5~6 餐，即主餐 3 次，上、下午两主餐之间各安排一次加餐，以奶类、水果和其他细软面食为佳，晚饭后也可加餐，但睡前应忌食，以预防龋齿。饮食安排要规律，逐渐做到定时、适量、有规律地进餐，不随意改变进餐时间和进餐量。

4. 引导孩子锻炼进食技能

锻炼孩子的进食技能是一个循序渐进的过程。家长可以给孩子示范如何用拇指、食指和中指握勺子，并鼓励他模仿，渐渐地他就会握勺子了。当孩子能够很好地抓握勺子去触碰食物时，家长可以示范如何用勺子将食物送入嘴中。家长不用担心孩子吃不到饭，如果他饿了，用勺子不能满足吃饭的欲望，他会用手抓食物吃。只要家长耐心引导，孩子就会慢慢学会用勺子自主进食。

1 岁左右的孩子求知欲很强，迫切地想知道自己手中拿的是什么，是用来做什么的，会拿到什么扔什么，包括餐具。所以，孩子扔勺子是在了解勺子，而不是很多家长认为的“搞破坏”。家长不要呵斥孩子，要和他一起“研究”并用语言告诉他勺子的质地、结构和用途，比如这样说：“这是一把勺子，它是用塑料做的，是用来吃饭的。我们可以用手握住这个长长的柄，把饭盛起来放到嘴巴里。”渐渐地，他就会明白勺子是用来吃饭的，而不会随便将勺子当玩具一样扔来扔去了。

此外，家长还要引导孩子细嚼慢咽，锻炼他的口腔运动和咀嚼能力，避免由于咀嚼不充分，增加肠胃负担；并注意不要无限延长吃饭时间，每餐控制在 20~30 分钟为宜。

5. 尊重孩子的选择，不要强迫

孩子接受一种新的食物，常需要一个适应的过程。如果孩子不能立刻接受，而家长非要他吃下去，就容易让他对新的食物产生恐惧。可以先让孩子用手抓、捏，用鼻子闻，用嘴巴咬，以此熟悉和适应这种食物的性状、味道等，然后让孩子自己决定吃还是不吃，这样孩子也许更容易接受新的食物。哪怕他只尝试了一点点，那也是进步，家长要积极鼓励。

6. 尝试改变烹饪方式，增加进食趣味性

由于食物的性状、口感、味道等各不相同，孩子自然会对食物有所偏好。当孩子拒绝某种食物时，家长可以尝试改变其制作方式，比如将他不喜欢的食物和其他的菜、肉混合剁碎包成饺子、包子、馄饨等，或将大块的食物做小，硬的食物做软；还可以将食物放入孩子喜欢的容器中，同时给孩子讲关于食物的小故事，增加吃饭的趣味性，这样更容易让孩子接受他不喜欢的食物。

第四节　保证作息规律

婴儿到了三个月左右会逐渐形成日常作息规律。不过，不同发育阶段的孩子睡眠时间和睡眠模式都不相同。睡眠模式不一样，孩子的睡眠问题也不尽相同，这就需要家长根据孩子的生理特点、生长发育规律、所处的生活环境以及睡眠模式的变化有意识地培养，并适时进行调整，帮助孩子形成规律的作息。

睡眠对孩子的生长发育十分重要，直接影响孩子的身高、体重以及智力发育。睡眠包括两个阶段，一个是快速眼动睡眠（浅睡眠），另一个是非快速眼动睡眠（深睡眠）。这两种睡眠状态在晚上可以交替进行五六次。两个阶段的睡眠对孩子的身体和脑部发育都十分重要。科学家认为神经细胞之间的连接在快速眼动睡眠期被改

变或者“重塑”，因为它可以帮助孩子“回放”自己在清醒时经历过的事情。非快速眼动睡眠则能够帮助脑部得到休息和恢复。由此可见，浅睡眠促进孩子的智力发展，深睡眠利于孩子体格的发育。睡眠质量高，孩子精神愉悦、精力充沛、注意力集中。作息规律不仅能让孩子更加健康快乐地成长，还能让家长更加轻松。

林女士有两个女儿，一个6个月，一个2岁。她抱怨6个月大的小女儿不会自己入睡。当小女儿在她的怀里睡着后，林女士会把她放进摇篮，可常常刚准备离开，宝宝就会马上醒过来，然后一阵哭闹。林女士的大女儿是一个高需求宝宝，特别是在夜里需要陪伴。她生了小女儿后没有那么多精力，就开始让大女儿锻炼独自入睡，大女儿夜醒时会不停哭闹，林女士就想着“让她哭吧，哭累了就继续睡了”。慢慢地，大女儿夜醒次数越来越少，这正合了林女士的心意。然而最近她发现大女儿性格变得内向，和林女士也没有那么亲近了。

首先，家长需要清楚，哄孩子睡觉是一个需要持续很长时间的过程，直到孩子已经经过浅层睡眠进入了深层睡眠。你可以通过一些细节来判断孩子是否仍在浅层睡眠，例如脸上有表情、小拳头紧握、肌肉抽搐、眼皮不规则地跳动和全身肌肉紧绷等。你也可以通过以下这些特征辨识深层睡眠：脸部几乎不再动，呼吸均匀，眼皮静止，特别是四肢彻底放松——手臂在两侧自然地下垂，手张开，肌肉完全放松。孩子表现出这些特征后，你就可以把他放下了。如果他突然惊醒了，你可以陪着他在床上躺一会儿，让他好好睡着，这时你再轻轻地走开。

其次，我们应该清楚孩子最信任的人就是家长，当孩子的需求长时间得不到回应时，这种信任会慢慢变成不信任，进而影响到孩子的性格以及与家长的关系。当孩子在夜间醒来时，我们可以先从哭声判断孩子哭闹的原因，如果哭声中带有惊恐，要立刻过去安抚他的情绪；如果是普通的夜醒，就给他一定的时间，让他自己慢慢安静下来后，再简单地安抚。家长的安抚就是要让孩子知道我们一直在他身边，给予孩子安全感，让其知道家长永远是值得他信任的人。

教子有方小课堂

1.0~3个月婴儿作息规律的养成

新生儿除了吃奶以外，基本上处于睡眠状态，每天睡眠时间为17~20小时。由于个体差异，婴儿每天的睡眠时间并不是确定的，但最少不应少于14小时。0~3个月的婴儿每次吃奶量不大，吃一次奶可能只够睡3~4小时。因此，这个时期的婴儿不论白天还是黑夜，都会隔几个小时醒一次，睡眠时间是碎片化的。这个阶段，婴儿的睡眠应顺其自然。

这一时期的婴儿，可以开始培养其良好的昼夜作息规律了，主要有以下方法：增加婴儿白天的运动量（比如用玩具从婴儿头部的一侧移到另一侧，逗婴儿多运动，也可以多跟婴儿说话、唱歌，训练其视觉、听觉等）；每天临睡前，给婴儿安排一些固定的活动，如洗澡、听音乐等，通过这些活动让婴儿逐渐知道做这些事情就代表要睡觉了。

2. 4~6 个月婴儿作息规律的养成

4~6 个月的婴儿，睡眠时间逐渐减少，每天的睡眠时间一般是 14~15 小时，如果有婴儿睡 10~18 小时也属正常。这一月龄段的婴儿已开始建立自己的睡眠习惯，白天睡觉的时间逐渐缩短，一般会小睡 2~3 次，更多的睡眠时间将集中到晚上。

此时的婴儿，开始对周围的事物产生兴趣，容易兴奋，并且由于神经系统发育不完全，容易疲劳，因而会有烦躁、哭闹、难以入睡的表现。家长若采取喂奶、摇动或晃动婴儿等方式哄睡，都可能对婴儿的自然入睡产生干扰，因此要学会观察婴儿的睡眠信号，以帮助他顺利入睡。家长可以为婴儿做睡眠记录，如婴儿入睡以及醒来的时间等，用来了解婴儿的睡眠规律、调整婴儿的睡眠习惯。

另外，4~6 月的婴儿可以逐渐定时喂养。记录婴儿的喂养时间可以帮助婴儿养成夜间连续睡眠的能力。

3. 7~12 个月婴儿作息规律的养成

7~12 个月的婴儿，如果仍然频繁吃夜奶，会影响自主入睡习惯的养成以及夜间的连续睡眠，因此可以慢慢戒掉夜奶了。此月龄段的婴儿夜间连续睡眠可达到 6~8 小时。

此时的婴儿，已经可以独坐、扶着栏杆等站立起来，如果在入睡前和睡眠中不停变换睡姿，可能是在练习大动作。这个阶段的婴儿有时候会坐着睡或在夜里翻身坐起来，有时候会趴着睡。对于大动作发展时期的婴儿，家长不要过多地干预其睡眠姿势，如果婴儿已经能坐稳，坐着入睡也很正常，可以等婴儿睡踏实之后，再帮助其躺好。

7~12 个月的婴儿睡前固定活动的时间和内容可以有所增加，但总体遵守的原则要与此前已经形成的原则保持一致。

可以先给婴儿洗澡，再给婴儿轻柔地按摩全身，然后给婴儿穿上质地绵柔且宽松的衣服，将婴儿抱在怀里，用温和的声音给婴儿讲一个故事或唱一首轻柔的歌曲，待婴儿出现睡意后，将他轻轻放在床上。顺序一旦固定下来，轻易不要改变。

4. 1~3 岁幼儿作息规律的养成

1~3 岁的幼儿每天需要的睡眠时间为 11~14 小时。1~2 岁期间，可在上午和下午各安排 1 次小睡，下午小睡时间不应与晚上入睡时间太接近；2~3 岁期间白天只需要小睡 1 次即可，睡眠时间以 1.5~2 小时为宜。随着幼儿白天睡眠时间的缩短，其对小睡的需求减少，原来一天要睡两次小觉，慢慢地一天只需睡一次小觉，幼儿进入了新的睡眠模式——并觉。

该阶段孩子出现并觉与其睡眠时间、白天的活动状况密切相关。如果孩子起床较早，可以让他在接近中午的时候先睡一觉，睡醒后再吃午饭；下午孩子如果犯困，可以让其再睡一觉，时间保持在30分钟左右为宜。慢慢地，家长可以将孩子上午小睡时间由一开始的11：00调整至11：30，然后调整至12：00，下午孩子就不容易再困了，这样逐渐合并为一觉。如果孩子起床比较晚，可以让孩子吃完午饭后睡一觉，这样就可以很轻松地并觉了。

总之，0~3岁这一阶段孩子作息习惯的养成离不开家长的精心照料与不断调整，家长要多关注孩子不同发育阶段的睡眠特点，帮助孩子养成按时作息的好习惯。

第五节　培养卫生健康意识

儿童良好卫生习惯的养成是日积月累的过程，离不开家长的耐心引导与鼓励。幼儿时期也是生活卫生习惯形成的关键时期，对孩子的身体健康成长至关重要。

茜茜的妈妈给茜茜刷牙，而茜茜的牙齿刚长出来不久，对于刷牙这件事还不适应，总是用哭闹来表示拒绝和抵抗，但是妈妈坚持要给茜茜刷。茜茜爸爸看到茜茜哭闹得厉害，很心疼，便对茜茜妈妈说："茜茜不愿意刷牙就别逼她了，她哭得我都难受。"茜茜妈妈听了很生气，对爸爸说："我也不愿听她哭啊，但是牙齿不刷，长蛀牙了怎么办？"

牙齿的日常清洁对于孩子的胃口、牙齿的美观以及身体健康有着重要意义。因此，刷牙是对孩子健康发展有益且有必要的日常护理。尽管孩子对刷牙不适应，但家长有义务和责任帮助孩子刷牙，并培养孩子爱护牙齿的好习惯。因此，就算孩子在刷牙的时候哭闹，爸爸妈妈也不应当轻易妥协放弃，而是应当安抚孩子的情绪，调整刷牙的方式，尽量在刷牙的过程中减少孩子的不适感。另外，平时还可以给孩子读或唱一些关于刷牙、保护牙齿的绘本或者儿歌，激发孩子对刷牙的兴趣。

教子有方小课堂

以下将从口腔清洁、如厕训练以及洗手训练三个方面来帮助家长了解如何培养孩子的卫生健康意识。

1. 口腔清洁

幼儿期消化系统逐渐成熟，饮食也从乳类为主过渡到饭菜，此时更应注重孩子的口腔护理。早期可用软布清洁孩子牙齿表面，后可逐渐改用软毛牙刷。孩子3岁左右应能在父母的监督下自己刷牙，还应注意要少吃易致龋齿的食物，如糖果、含糖量高的零食等。有些孩子习惯在睡前喝牛奶或果汁，这对牙齿伤害极大，应摒除这一陋习。除了平时的家庭保健，家长还应定期带孩子到相关机构做口腔检查。

此外，家长也可以教孩子学会漱口。漱口能够清理口腔中部分食物残渣，是保持口腔清洁的简便易行的方法之一。学会漱口还可以为学刷牙打下良好的基础。教孩子将水含在口内、闭口，然后鼓动两腮，使漱口水与牙齿、牙龈及口腔黏膜表面充分接触，利用水力反复来回冲洗口腔内各个部位，使牙齿表面、牙缝和牙龈等处的食物碎屑得以清除。父母可以先做给孩子看，让孩子边学边漱，逐步掌握、提高，慢慢养成饭后漱口的习惯。用淡盐水漱口，有助于口腔清洁。

2. 如厕训练

如厕训练是幼儿阶段的主要保健工作之一。从生理上来讲，18~24 个月的幼儿已能够自主控制肛门和尿道括约肌，且认知的发展也使他们足以理解在何时何地排泄。从心理上来说，幼儿也愿意学习控制大小便以取悦家长。这些生理和心理特点为如厕训练做好了准备。

训练时氛围的营造对于训练的成功很重要。家长可把孩子的便盆放在厕所，并告诉他这是做什么用的；并示范正确的如厕步骤，特别要注意后续的擦拭、冲水和洗手过程。最开始训练时也可以鼓励孩子每天在便盆上坐一小会儿，以便慢慢养成规律的排便习惯。孩子大小便时，最好让其保持轻松愉快的心态，家长可多采用赞赏和鼓励的方式，不要过分责备。一般来说，如厕训练可能要花上3~12 个月，家长一定要有耐心。值得注意的是，已经形成排泄习惯的孩子在环境突然变化时会出现退化行为，当孩子情绪安定后，排泄习惯会恢复，家长不用太过焦虑。

3. 洗手训练

首先，从 1 岁半开始，家长可以鼓励孩子自己洗手，让孩子明白在饭前便后要洗手。此时孩子比较好动爱玩，经常会洗着洗着便玩起水来，家长一定不要因此责骂他，而是要让孩子明白洗手并不是玩水并告知他为什么要洗手。其次，家长应教会孩子如何洗手，在教的过程中要足够耐心细致。家长可以和孩子一起洗手，为孩子示范正确的洗手方法，并用语言提醒孩子不仅是手掌，指甲和指尖也要仔细清洗，让孩子学会洗前卷袖口、洗时不溅水、洗后擦干手。家长可以为孩子准备一条专用的可爱毛巾，吸引孩子养成洗手的好习惯，并在孩子自己主动洗手后奖励或表扬他。最后，家长要经常监督和提醒孩子勤洗手，尤其是培养他们在饭前便后以及接触钱币、玩具等较脏的东西后要记得洗手。

第六节　重视常见疾病的防治

婴幼儿各种器官发育尚未完善，对疾病的抵抗力弱，处于呼吸道、消化道疾病及季节性传染病的多发阶段。高热、肺炎、营养性（缺铁性）贫血、腹泻、佝偻病等都是这个年龄段常见的疾病。许多家长缺乏必要的育儿保健常识，对疾病的主动预防意识不强，养育过程中对孩子过分呵护，容易出现有病乱医、小病大医、过度用药及病后调理不当等问题。孩子疾病的正确防治关乎到孩子的生命健康，应该受到家长的高度重视。

明明的妈妈带着 2 岁的明明来到儿保门诊咨询，一脸焦急的妈妈告诉医师，近半年来明明夜间总是哭闹不止，入睡后多汗并且时常惊醒。医师进一步查看了孩子的体征，发现明明牙齿排列参差不齐，颅后头发稀疏（枕秃圈）。于是医师对明明妈妈做了以下分析：入睡困难、夜间哭闹、入睡后多汗且容易惊醒、牙齿排列不齐、出现枕秃圈等都是缺钙的典型表现。明明之所以缺钙是由于平时钙摄入不足。可明明的妈妈却对此非常疑惑，认为自己几乎每周都有 2 或 3 次给孩子炖骨头汤，怎么还会缺钙呢？

故事中明明的妈妈认为自己经常炖骨头汤给明明吃，他不应该缺钙。其实，骨头汤补钙是我们日常生活中常见的一个误区，大家普遍认为“吃什么补什么”，骨头钙质含量丰富就理所当然地认为骨头在炖汤过程中钙质溶解在汤里，喝汤就能达到补钙的目的。但事实却并非如此，首先，骨头中的钙能溶解在汤里的量非常少；其次，孩子的胃容量很有限，若过多地给孩子进食汤水类食物，那么胃用于容纳其他食物的体积就小了，从而影响孩子的食欲，不仅达不到补钙的作用，反而导致其他营养素的缺乏。

教子有方小课堂

1. 注重健康饮食，预防营养性疾病

常见的营养性疾病有佝偻病、肥胖症、贫血等。这些疾病会影响孩子的生长发育。家长要做到科学喂养，保证营养均衡，避免过度喂养导致孩子肥胖。家长还需注意孩子 6 月龄后要多食用富含铁的食物，避免孩子贫血的发生，若孩子出现贫血症状，应及时进行药物治疗，缺铁性贫血应补充铁剂。

2. 注意饮食卫生，防止交叉感染

婴幼儿的肠胃还未发育成熟，食物不卫生很容易导致腹泻。因此，妈妈每次母乳喂养前，要先洗手，清洁乳头。开始添加辅食后，家长首先要保证奶瓶、餐具等的清洁，使用过后要煮沸消毒。其次，婴幼儿的食物要单独制作，现吃现做，家长不可将食物咀嚼后再喂给婴幼儿。

3. 适当运动，增强免疫力

感冒、肺炎以及近年来在婴幼儿群体间爆发的支原体感染等都是儿童常见的呼吸道疾病。季节交替、气候变化、冷热不均、通风不良等都是疾病的诱因。要想让孩子少生病，家长平时就应多带孩子进行户外活动和体育运动，增强孩子的体质，提高其自身抵抗力。

4. 科学用药

家长在给孩子用药时，一定要看看药品说明书中的禁忌和注意事项；不可偏信土办法，要科学用药，谨遵医嘱，避免给孩子带来

伤害。如果只是轻微的普通感冒，家长不必过于着急，不用立刻给孩子用药，可以通过调整饮食，让孩子多休息、多呼吸新鲜空气，保证充足睡眠等形式缓解症状。如若孩子的症状没有好转或加剧，就要询问医生，对症下药。

另外，当孩子第一次服用某种药品时，家长切记要密切关注孩子的症状变化以及是否出现了其他症状。如果发现孩子出现皮肤红疹或瘙痒、部分五官肿胀、恶心、腹泻、腹痛、呕吐等情况，就要考虑也许是孩子对该种药品过敏，应立刻停药。如若过敏症状较为严重，则需立即就医。

第三章　家庭运动与亲子游戏指导

第一节　了解婴幼儿动作发展规律

婴幼儿运动能力的发展是先天因素和后天习得的结果，是由神经系统支配的骨骼、肌肉系统发育的结果。婴幼儿运动能力发展的顺序基本遵循人体生长发育的生物学本质。即婴幼儿动作的发展是有一定过程的，有其自身发展的特点与规律。家长要尊重并顺应这个规律，注重婴幼儿不同阶段动作发展的实际水平，在其尚未成熟之前，要耐心等待，不要违背婴幼儿动作发展的自然规律。

婴儿个体自出生之日起就有两种身体活动。一种是人类在长期进化过程中遗传下来的一系列的反射动作，如吸吮反射、觅食反射、抓握反射、游泳反射等。另一种是身体一般性的反应活动，如转头、扭动身体、腿与臂的活动。这是婴儿个体自发性的身体活动，既无目的，也无秩序，涉及身体各个部位。正是这种自发性的身体活动构成了日后动作发展的基础。正常的机体反射是婴儿身体健康的指标。同时，婴儿的机体反射具有重要的生存价值。例如觅食反射可以帮助婴儿寻找妈妈的乳头，游泳反射可以帮助那些意外掉进水里的婴儿免于立即被淹死，增加被抢救的机会等。

后天的运动不仅能锻炼婴幼儿的体质与体能，增进食欲，保证睡眠质量，促进大脑发育，还能够促进血液循环、加速新陈代谢、增加骨骼组织供血，使骨骼生长发育旺盛，还有利于良好个性的培养。婴幼儿家庭运动教育指导的任务在于根据婴幼儿动作发展的特点和规律促进其大运动和精细运动的协调性、灵活性发展。

在心理学上，有一个非常著名的实验，叫作“双生子爬梯实验”。这个实验的目的主要在于利用同卵双胞胎来证明决定儿童成长发展的主要力量是遗传因素还是学习因素。

实验的具体过程：格赛尔找来一对同卵双胞胎，弟弟从出生后第 48 周起接受爬梯及肌肉协调训练，每日练习 10 分钟；哥哥则从出生后第 53 周开始，每日练习 10 分钟，可是仅仅训练了 2 周，哥哥就赶上了弟弟的爬梯水平。

由于同卵双胞胎有相同的基因，格塞尔得出结论：儿童生理成熟之前的早期训练对于最终的结果没有多大的作用，而一旦在生理上有了完成这种动作的准备，训练就能起到事半功倍的效果。

人为地通过训练来加速婴幼儿动作的发展是揠苗助长的行为。婴儿一般 3 个月时会俯卧，能用手臂撑住身体并抬头，4~6 个月时会翻身，7~8 个月时会坐会爬，1 岁左右会独立行走。在婴儿教养的实际生活中，心急的家长则让婴儿越过“爬”的阶段或者很少让婴儿爬就通过“学步车”等直接学走路。这种“跨越式的发展”虽然能早早地让婴儿学会走路，但过早走路容易把孩子的双腿压弯，影响形体健美，还容易形成扁平足，也很可能造成其日后在走路的时候出现步伐不稳的现象。

0~3 岁婴幼儿动作发展的规律如下：

1. 由首至尾

婴幼儿动作的发展，先是头部的动作，如抬头、转头，然后是俯撑、翻身、坐和爬等躯干动作，接着是使用手和臂，最后是直立、行走和跑跳等腿部和足部的运动。也就是说，离头部近的动作先发展，离足部近的动作后发展。这种趋势还表现在一些动作本身的发展上，如爬行，先是学会借助手臂的匍匐爬行，然后才逐渐运用大腿、膝盖和手进行手膝爬行，最后才是手足爬行。

2. 由近及远

婴幼儿运动的发展先从身体中部的动作开始，如头和躯干的动作，然后是双臂和腿有规律的动作，最后才是手部的精细动作。也就是说，靠近身体中线部分的头颈、躯干的动作先发展，然后才发展边缘部分，如臂部、手部、腿部、足部的动作。例如，婴儿看见物体时，先是移肩肘，用整个手臂去接触物体，之后才慢慢学会用腕和手指去接触并抓取物体。

3. 由大到小

婴幼儿动作的发展先从运动幅度较大的动作开始，然后才逐渐掌握手和脚的精细动作。大运动是指抬头、坐、翻身、爬、走、跑、跳、掌握平衡等，即大肌肉群所参与的动作。精细运动是指吃饭、穿衣、画画、剪纸、玩积木、翻书、串珠等。

4. 由无意识向有意识

婴幼儿动作发展规律与婴幼儿心理发展规律是一致的，即从无意识行动向有意识行动发展。如绘画能力，从早期的乱涂乱画，逐渐发展到准确地画点、线，甚至有意识地描摹实物或别人的画。

5. 由泛化向集中

婴幼儿的动作发展会从泛化的全身性动作向集中的专门化动作发展。婴儿最初的动作是全身性的泛化动作，是笼统的、无规律的。例如，新生儿在受到疼痛刺激以后会哭闹，并伴有全身性活动。而后，婴儿的动作逐渐分化，开始向局部化、准确化和专门化的方向发展。

教子有方小课堂

1. 婴幼儿大运动的教育指导

家长首先要明确婴幼儿大动作的发展及表现，婴幼儿大运动的发展主要体现在大肌肉动作的发展，即包括抬头、翻身、坐、爬、站立、行走、上下楼梯、跑、跳、攀登、平衡、投掷等。然后家长可以根据不同月龄婴幼儿大肌肉动作的发展特点进行针对性的指导。

1~3 个月，家长可以用玩具或者呼喊名字等方式逗引婴儿抬头、左右转头、将头抬得更高。

4~5 个月，家长可以训练婴儿来回翻身。如果婴儿还不能从仰卧位翻滚到俯卧位，家长可以握住他的一侧手臂，轻轻地拉向身体另一侧，以引起翻身动作。或者，用鲜艳、带响声的玩具在他的一侧摇响，逗引他去取，当婴儿想取玩具时，家长将其胳膊轻轻推向有玩具的一方，帮助婴儿翻身抓住玩具，在此基础上逐步训练婴儿连续翻滚。

6 个月，家长可以通过紧握婴儿的手腕，另一只手扶婴儿头部坐起，再让他躺下的方式帮助婴儿练习扶坐。

7 个月，家长可以让婴儿坐在硬床上，不给支撑，训练其独坐。

8 个月，家长可以用婴儿喜欢的玩具在前逗引训练其爬行。

10 个月，家长可以让婴儿扶着婴儿床的栏杆，或用手扶住婴儿的腋下再轻轻放手，让其寻找平衡感来训练其站立。

11~12 个月，家长可以用学步车、学步带，也可以由家长搀扶着走来帮助婴儿练习走路。

18~24 个月，家长可以让幼儿练习爬上爬下，也可以锻炼幼儿倒退走，还可以和幼儿玩追人游戏，锻炼幼儿的平衡能力。

2. 婴幼儿精细运动的教育指导

精细动作指的是手、眼睛、脸及嘴部肌肉的运动能力。婴幼儿精细动作的发展以手部的动作发展为主。同时，精细动作对婴幼儿智力发展有重大意义。精细动作的指导顺序是：0~6 个月应多做抓、握动作训练；6~12 个月多做敲、打动作训练；1~2 岁幼儿应围绕自己吃饭、穿衣、洗手等日常行为训练；2~3 岁幼儿多做组合玩具、拼图、画画等训练。

3. 正确对待孩子的“破坏”行为

有时孩子在跑跳时会受伤，或者玩闹时弄坏某样东西。隔了一段时间，孩子又因为同样的原因受伤或闯祸。此时家长一定要控制自己的情绪，不要翻旧账，也不要去数落孩子。孩子重复出现这样的问题，是因为他的动作灵敏性和协调性还较差，又缺乏生活经验。同时，孩子很容易受周围事物的影响和支配，有时难以服从家长提出的要求和指示，或者忘记曾经受过的“伤”。家长要因势利导，适时地让孩子在亲身体验中感受“危险后果”，并了解“危险后果”化解后的情形，让孩子真正学会自我保护，学会自己面对。

此外，孩子常常“破坏”家里的小物品，其实是表示精细动作的敏感期到来了。这是每个孩子成长过程中的必经之路，是动作发展的需要，是强烈的好奇心和探索欲望的体现。家长不应该阻止孩子的这种“破坏”行为，而应该为他创造满足敏感期需求的环境，当孩子在敏感期得到宣泄和发展以后，自然就不会“破坏”家中的物品了。

第二节　将家庭运动融入日常生活

“生活即教育”是陶行知生活教育理论的核心，即生活具有教育的意义，教育脱离不了生活。因此，家长对孩子动作发展的指导可以渗透在日常生活中。日常生活的每个环节几乎都可用来对孩子进行家庭运动教育。家长还要注意在日常生活中培养孩子热爱劳动的意识。

小宝爱动，什么事都想自己做，但什么事都做不好。一天中午妈妈还没回来，他吵着要吃饭，爸爸正忙着写东西，见儿子吵得厉害，就给他盛了半碗饭，给他炒了一盘青菜，让他自个儿吃。小宝高兴极了，拿起勺子就吃。他吃点饭（但不少饭粒都掉到桌子上），又吃点菜（但菜叶几乎撒得满桌子都是）。他吃一会儿，歇一会儿，又把勺子丢在一边，煞是痛快。不一会儿，妈妈回来了。她看到桌子上的这一番景象，不由得生气起来。她对孩子说：“你看看，你看看，这桌子上像什么样子！”她看看饭已经不热了，菜也冷了，又不由得心疼起来，对丈夫嚷道：“你也不看看，他吃冷饭冷菜吃出毛病来怎么办？”说罢，把包往桌上一甩，不由孩子分说，抢过勺子开始喂他。

故事中小宝妈妈的做法是不可取的。当孩子开始出现自主意识、想要自己完成力所能及的事情时，如吃饭、穿衣等，家长应该予以鼓励和引导，这样做既可以锻炼孩子的独立性，又有助于孩子手部精细动作的发展。而如果生硬地干预或限制孩子的独立行动，不但会影响孩子的情绪，而且还会使孩子活动的积极性和独立性逐渐减弱，转而对成人的依赖性越来越强。

教子有方小课堂

1. 让孩子自己完成力所能及的事

家长可利用日常生活中的各个环节对孩子进行训练，将家庭运动融入其中。如进餐前，让孩子自己洗手、自己端碗；进餐后，让孩子自己收拾桌子、送碗、拿小毛巾擦嘴；睡觉前，让孩子自己脱衣服、脱鞋；睡醒后，让孩子自己穿衣服、扣扣子、叠被子、穿鞋袜；看完图书或玩完玩具后，让孩子自己收拾、整理等。

由于孩子身心发展水平有限，要给其时间充分地练习。本是5分钟就能完成的事，孩子可能要用20分钟或更多的时间。这时，家长要有耐心等待孩子自己去完成，不要急于求成。每当孩子完成一项劳动后，家长应及时地、毫不吝啬地给予表扬，鼓励其坚持这些良好的行为，鼓励孩子自己的事情自己做。

2. 要根据孩子的年龄特点适当提出要求

一般来讲，从孩子2岁开始，家长就应要求其主动整理自己的玩具柜、小书架、抽屉等，要养成孩子爱整洁、爱劳动、有条理的良好习惯。

孩子每天玩完玩具、看完书后必须将玩具和书放回原处，若不收，家长可将玩具没收。这里要注意，不能因孩子一时的哭闹而心软，进而改变定下的要求和原则，这样不利于孩子养成好习惯。在开始训练时，可以用游戏的口吻对孩子说："玩具要回家了，你帮它找找家在哪儿，把它送回家去吧！"这比生硬地向孩子提要求的效果要好得多。

第三节 家长陪伴进行体育锻炼

《3 岁以下婴幼儿健康养育照护指南（试行）》指出，婴幼儿每天身体活动时间至少 3 小时，其中户外活动时间至少 2 小时。0~3 岁婴幼儿的运动发展是其机体各系统机能发展的基础。大量研究表明，婴幼儿的运动发展不仅会影响其神经系统、呼吸系统的发育，还会影响到婴儿的社交能力、心智成熟。也就是说，婴幼儿的运动发展对其一生的健康都有影响。父母要尽量陪伴孩子一起进行体育锻炼，以保证孩子健康成长，热爱运动。

家长要注意把握 0~3 岁婴幼儿动作发展的特点及规律，遵循成熟准备原则，注重个体差异原则、顺序性原则、愉悦性原则、适宜性原则和安全性原则。此外，也要营造宽松愉悦的环境，要注意安全，指导和教育要科学适宜。

甜甜今年 3 岁了，妈妈一有时间就带她去爬山。第一次爬山是甜甜 2 岁零 1 个月的时候，甜甜刚开始对爬山不太感兴趣，一直吵着让妈妈抱。妈妈为了让她自己走，就跟她说："咱们玩个探险游戏，边爬山边找宝藏。"她们走一会儿，就停下来挖挖路边的树根；再走一会儿，又停下来观察一下小虫子。就这样边走边玩，甜甜渐渐爱上了爬山。现在一有时间，爸爸妈妈就会带甜甜爬山，享受边爬山边观察大自然的乐趣，一个阶梯接着一个阶梯，体验登高的成就感！

故事中，甜甜的父母选择了爬山这一常见的锻炼方式，来培养甜甜热爱运动的习惯。甜甜父母的做法是非常值得家长们效仿的。

2 岁多的幼儿大动作的发展主要集中在腿部肌肉、手臂肌肉以及两者之间的协调配合上。故事中甜甜的父母在选择爬山这项运动时，也是考虑到了甜甜这一年龄阶段动作的发展规律，通过爬山来达到锻炼甜甜下肢力量的目的。因此，家长在选择户外活动前，要考虑孩子的年龄特点和季节因素，安排适合的户外活动。

教子有方小课堂

1. 家长要以身作则

孩子喜欢模仿家长的行为，因此家长要带头锻炼，可以用和孩子进行比赛的方式激发孩子对体育锻炼的兴趣。相反，如果家长一年四季足不出户，或像旁观者一样在一边监督孩子，时间久了孩子就会产生逆反心理，会把体育锻炼看成是负担和惩罚。

2. 建立运动生物钟

家长要充分利用生理规律，让孩子在大脑皮层中逐步建立固定的体育锻炼习惯。家长应尽量让孩子每天在同一时间进行体育锻炼，锻炼时长也基本相同。不要轻易改变生活规律，逐渐建立健康良好的生物钟。

3. 合理安排运动量

父母要根据孩子的身体状况和年龄特点，合理安排运动量。根据大脑皮质的保护性抑制原则，当皮层的能量消耗到一定限度时，就会自动转为休息状态。这就使得孩子容易疲劳，但也可以很快恢复。因此，孩子体育锻炼的强度不宜过大，时间也不宜过长。

4. 运动锻炼游戏化

我国著名教育家陈鹤琴先生说过：“小孩子生来是好动的，是以游戏为生命的。”游戏是他们生活中最基本、最喜爱的活动。随着孩子身体协调性的不断提高、活动范围的不断扩大，想象力也逐渐丰富，单调的动作技能训练或者简单的玩具吸引已经无法调动孩子运动的积极性。因此，家长可以利用孩子喜欢游戏的心理特点，将孩子的运动锻炼游戏化，调动其运动的积极性。为此，家长可以经常创设游戏情境或者编造相关故事，这样孩子才能放松地在游戏中得到锻炼。带孩子到一些休闲娱乐场所玩些大型器械也是促进孩子运动的好办法，只是要注意为孩子做好安全防护。

5. 家长要提供物质支持

家长需要给孩子的体育锻炼提供必要的物质支持。如运动衣裤、运动鞋袜、跳绳、羽毛球、篮球、足球等，这有助于坚定孩子锻炼的信心。

第四节　家长积极参与亲子游戏

家长和孩子之间相互配合、交流的活动，都可以看作是亲子游戏。亲子游戏有益于家长和孩子之间的感情交流，促进孩子心理健康发展。对于0~3岁的婴幼儿来说，游戏是其生活乐趣的主要来源，孩子对外界和环境的认知很大一部分源于亲子游戏，在亲子游戏中体验初步的交往关系，有助于其社会性关系的发展。

晚饭后爸爸妈妈陪欣悦玩游戏，先是藏猫猫，接着过家家。欣悦扮医生，爸爸陪妈妈来看病。刚玩了一会儿，爸爸接了个电话走了，欣悦有点不高兴，不过看妈妈还在，欣悦就又开心地继续做她的“小医生”。爸爸回来了，欣悦赶紧拉住爸爸要一起演节目，爸爸有些不愿意，欣悦立刻大哭起来。“好不容易陪孩子一会儿，还把孩子弄哭了，你看看你！”奶奶不高兴地数落着爸爸。“这一晚上，我都陪着她玩呢，可是她一会儿要玩这个，一会儿要玩那个，我都晕了！”爸爸没好气地说。妈妈听着爸爸说的话，生气地抱着欣悦走了。

故事中，欣悦爸爸对亲子游戏的敷衍，让小欣悦感受到了被忽视，因而她委屈、难过。家长要知道亲子游戏不仅可以增进自己与孩子的感情，还有助于孩子个性的完善和发展，利于孩子养成积极阳光的心态。

教子有方小课堂

1. 要正确认识自己在亲子游戏中的价值

部分家长认为孩子的游戏是浅显的、天真的，甚至是无意义的，自己无法参与到孩子的游戏中，在游戏中也无法发挥指导作用。这说明其对自身参与游戏的价值存在理解偏差。家长参与游戏，主要目的并非指导孩子完成游戏任务，更重要的是，亲子间的积极互动能使游戏发挥更高的认知和情感价值，在参与过程中潜移默化地提高游戏质量与技巧。首先，家长参与游戏无形中给孩子提供了支持，这种支持行为可以被视为一种无言的沟通；其次，家长参与游戏可以降低孩子游戏时不专心的频率，延长游戏时间。

2. 积极参与亲子游戏

家长应该积极主动地参与亲子游戏，并为亲子游戏做精心准备，如准备游戏场地与空间，提供合适且丰富的游戏材料(包括玩具)等，而不是被动参与游戏，或是抱怨。家长不妨在亲子游戏中放松下来，让自己重回童年。积极投入亲子游戏有利于家长在游戏中发现孩子的愿望、兴趣，更加了解孩子的发展情况，也可以利用游戏帮助孩子建立简单的行为规则。

3. 尊重孩子在游戏中的主体地位

家长要认识到自己在游戏中发挥的作用不是对游戏的绝对指挥，而是要明确孩子在游戏中的主体地位，站在孩子的角度开展游戏。其具体表现在游戏的主题应尽可能从孩子的意愿出发，游戏过程中应采用商量、建议等间接的语言方式，避免使用命令式的语言，否则可能会妨碍孩子的创造或干扰其游戏的进行，产生反效果。

第五节　提供丰富多样的玩具

0~3 岁的婴幼儿是依靠感觉和动作来认识周围世界的。而玩具作为婴幼儿认识、探索外部世界的中介和桥梁，在其成长过程中起着至关重要的作用。玩玩具能促进婴幼儿的语言、动作技能和思维的发展，培养他们的专注力、观察力、想象力和思维能力，能开阔视野，激发他们的发散性思维与创造性思维。玩玩具不仅有利于婴幼儿的智力发展，同时对于婴幼儿的心理发展也有积极作用。

尧尧妈妈发现，尧尧奶奶把家里的很多玩具都藏了起来，只让尧尧玩那些不值钱的旧玩具。妈妈不解，奶奶说："尧尧现在小，手不稳，不留神就摔坏了，再说有时他还故意往地上扔玩具，要不就又拆又卸的，坏了多可惜呀，等他会玩了再给他。"面对奶奶如此的"好心"，尧尧妈妈哭笑不得："妈，我买的玩具都是适合他现在年龄段的，扔玩具、拆玩具，说明咱家尧尧的动手能力强、聪明呀，现在不让他玩，等他长大了，可就不如别的孩子了！"

萱儿 2 岁半，家里的玩具几乎能放满一个房间。奶奶一看爸爸又买玩具回来了，冲着儿子喊道："你能不这么乱花钱吗？家里玩具都这么多了，还买？往哪儿放？"萱儿爸爸笑着说："妈，孩子就得多玩玩具，我小时候是没玩具可选，不能让我闺女缺了。"奶奶听了，不高兴地说："乱花钱。孩子这么小，能玩什么？有点玩具玩就得了！"

如何给孩子挑选玩具，怎样挑选玩具，挑选多少玩具合适，成为困扰家长的问题，也成为一些隔代家庭的分歧。

祖辈不要因为担心玩具被损坏，或者怕浪费钱，就限制孩子玩玩具。当然，父母也不能因为自己小时候玩具少，或者没时间陪孩子，就补偿式地给孩子买很多玩具。因为玩具太多，会降低孩子对玩具的新奇感，失去对玩具的兴趣。

适合孩子年龄特点，且有利于孩子多方面发展，应该是家长选择玩具的首要考虑因素。

教子有方小课堂

孩子没出生时，很多家长就在为孩子准备玩具了。玩具在孩子早期教育中的重要性不言而喻。但很多人认为，玩具只是用来玩的。实际上，对于0~3岁的婴幼儿而言，玩具的作用比我们想象的要大，玩具对婴幼儿的意义也不仅仅是玩耍那么简单。孩子对玩具的需求是随年龄变化而变化的，我们可以将玩具启蒙大致分为四个时期：

1. 视听刺激期

6个月前，婴儿还不能自由活动，每天躺在床上的时间很多。这个时期的婴儿最需要安抚玩具，如安抚奶嘴，可以买带有固定链和夹子的，方便固定在婴儿的衣服上；还有能播放和缓的音乐、帮助宝宝入眠的布偶；或可产生有规律摇动，从而模拟婴儿在子宫里的感受，给婴儿安全感的舒适摇椅等。同时，家长还需要创设具有声音和视觉刺激的环境，如彩色挂图，以画面单一、重点突出的图案为佳。在婴儿精神好时，竖抱婴儿看墙上的挂图，同时给婴儿描述颜色、形状。还有床挂、床铃等这类活动的小挂件，最好在婴儿清醒之时挂在距离其眼睛25~30厘米处，但不要悬挂在正上方，应挂在右方或左方（需要特别注意的是，任何物件都不能长期悬挂于床前某一处，否则容易使婴儿形成内斜视）。

2. 品尝期

6个月到1岁的婴儿能坐会爬了，探索的兴致也逐渐增加。婴儿会在醒着的大部分时间里探索各种物品，尤其喜欢放进口里感受一下是软的还是硬的，是能吃的还是不能吃的，甚至会把自己的手和大人的手都当作“玩具”。这个时期的玩具，更多是用来满足孩子的“口部欲望”。当婴儿拿着玩具或放入口中时，家长可以告诉婴儿不同物体的不同质感，如硬的、软的、粗糙的、光滑的、毛茸茸的等。

3. 探索期

1~2岁的幼儿可以行走，活动范围也随之扩大，开始对能发展肢体动作、探索能力以及与家长互动的玩具感兴趣。这个时期，玩具既是开发孩子多元智能的工具，也是联结亲子情感的纽带。玩玩具也是为孩子日后的语言能力发展和社会化发展做“预习”。家长可带孩子去公共游乐场玩大型玩具，如滑梯、旋转木马、跷跷板、秋千等游乐设施，家长要注意在旁看护。这个年龄段的孩子对手指的操控比1岁前灵活了，因此家长可准备一些能锻炼精细动作的玩具，比如，可以按动的玩具钢琴、夹珠子的玩具等，家长可以先为孩子示范玩法，再让其自己尝试。

4. 规则期

2~3岁的幼儿在语言、智力、想象力方面有了显著的发展，因此，帮助其进行角色扮演游戏的玩具开始成为主角。孩子会利用这类游戏体验不同角色，执行不同任务，学习社会规则，还能获得巨大乐趣。此外，孩子也渴望像大人那样操纵各种物体或工具，因此会经常模仿家长，为日后习得所需的生存技能进行演练。这个年龄段的孩子更渴望在玩玩具的时候获得自我价值感，他会玩一些稍微有难度的玩具来挑战自己。孩子愿意动脑筋解决问题，家长就尽量多看、少打搅。穿孔玩具、开锁玩具、拼图、积木、磁性钓鱼、厨房套装、清洁工具套装、医生 / 护士工具、超市购物套装等都是这个年龄段可以选择的玩具。家长可以在孩子进行角色扮演游戏时与其进行简单的配合。

第六节　培养规则意识

所谓规则，就是人们在日常生活、工作、学习中必须遵守的科学的、合理的、合法的行为规范和准则。婴幼儿时期则是规则意识形成和发展的重要时期。树立规则意识有利于孩子融入社会，适应社会生活，为孩子今后的发展奠定稳固的基础。

事实上，孩子在真正喜欢玩的游戏中，能够表现出较高水平的意志行动，能够抑制自己的其他愿望，使自己的行动服从于游戏的规则要求。因此，家长要善于在孩子喜欢的游戏中引导孩子遵守规则，这样能够保障游戏的顺利进行，提高孩子的规则意识，使其认识到规则在游戏中的重要作用。

小鲁今年 3 岁了。这天，小鲁妈妈带着小鲁去幼儿园适应生活半日，明天就要开始正式上幼儿园啦！活动结束之后，小鲁妈妈意识到一个严重的问题——小鲁的规则意识太差啦！老师说："大家把玩具放回原处，现在大家坐到小凳子上面，我们一起来做游戏好不好？"小鲁理都不理，还是玩自己手里的小车。妈妈好说歹说，小鲁终于放下了小车，结果又去拿积木，根本不理老师。小鲁妈妈强行把他从玩具身边带开，他就开始大哭。

老师说要下楼玩滑梯了，让大家排成一列，慢慢走下楼。他根本不听，非让妈妈抱着立刻就要下楼。到了院子里，老师说让大家手拉手围成一个圈，先做一个小游戏活动身体。结果他也是根本不理，冲向滑梯非要上去，怎么拉也拉不回来。老师说那就让他先去玩吧，明天再管他。

故事中的小鲁 3 岁了，正是规则意识形成的关键时期，然而由于家长忽视了对小鲁规则意识的培养，到了幼儿园的小鲁显得非常调皮。其实，在婴幼儿时期，家长就可以通过亲子游戏来帮助孩子逐步建立规则意识。对此，一些家长认为：玩游戏就是玩，何必那么认真？这样实际上就放弃了让孩子在关键期养成规则意识的机会，加之孩子自制力差，意志行动尚未充分发展，也不利于孩子日后规则意识的发展。

教子有方小课堂

1. 让孩子自己制定游戏规则

在游戏开始之前，为了提高孩子遵守规则的积极性，家长可以与孩子商量着定下规则。比如，玩听指令做动作的小游戏，家长就可以让孩子制定不同指令分别对应什么动作的规则。孩子自己制定规则能够加深其对于游戏规则的认识和记忆，在后续游戏过程中孩子也更易遵守自己制定的规则。

2. 对孩子在游戏中的行为给予及时回应与指导

在游戏过程中，家长要对孩子遵循游戏规则的行为及时地给予表扬和鼓励，对孩子的违规行为进行监督和指导。比如，在玩“木头人不许动”这个游戏时，如果孩子能够遵守“不许动”的规则，家长可以给予语言或表情上的表扬，鼓励孩子继续遵守规则；如果孩子无法做到“不许动”，家长也要指出他无法遵守规则的这一行为，督促他下一次能够有所改善。在游戏过程中，家长还要让孩子学会克制自己的情绪，使其懂得遵守规则才会得到快乐。

第四章　家庭安全教育

第一节　家庭中的环境安全

孩子的身心发展受到周围环境影响，其中受家庭环境的影响更为显著。为孩子提供生活和游戏必需的物质条件，创设卫生、安全、舒适、充满亲情的环境和充足的活动空间，是保证孩子身心健康成长的物质基础。

充足的阳光、新鲜的空气、清洁的水源都是促进孩子生长发育达到最佳状态的重要因素，此外，安全的家居环境也为孩子的健康成长提供了良好的保障。家长们要细心排查家中的安全隐患，熟知家中容易出现的意外事故和防范措施，让孩子在安全的家居环境中快乐地成长。

20 个月的欣欣在奶奶家生活。星期日，欣欣 5 岁多的表哥小虎来玩，小哥俩又跑又跳，说说笑笑。一会儿，突然传来电钻运转的声音，爷爷意识到事情不妙，一声“坏了”把正在聊天的人吓了一跳。爷爷忽然想起来电钻放在另一间卧室的地板上。

爷爷破门而入，看到哥哥把电钻插座插上了，钻头飞转，哥哥还一脸兴奋的把呼呼飞转的钻头朝着弟弟的头，另一边弟弟丝毫没有意识到电钻的危险，已经把手伸过去要抢电钻了！爷爷进去的时候，弟弟的手距离电钻就半米远了，这是多么触目惊心的一幕！奶奶当然要埋怨爷爷，爷爷沮丧地说："我把门关上了，而且这个房间的门特别紧，不容易打开，我以为他们进不去，而且我也反复告诉过小虎不要进去的。"

不满 3 岁的孩子，一刻也不能离开家长的视线；3 岁以上的孩子，离开家长的视线时，家长一定要采取防护措施，保证孩子所处环境没有安全隐患。这个例子在我看来不是有惊无险，而是一个没有发生的严重的意外事故！只是偶然性救了孩子。

家长们切记，在照顾孩子时，不要心存侥幸，侥幸是发生意外事故的罪魁祸首。很多家长没有意识到，对成人不会构成危险的事物，对于孩子可能就是巨大的威胁。所以，有孩子的家庭，家长需要特别关注那些可能会对孩子造成危害的隐患。

教子有方小课堂

1. 做好室内意外伤害的预防措施

（1）居住环境应"软、窄、高、干"

"软"是指客厅及房间地面、楼梯可铺上海绵地砖、防滑垫等，以防孩子滑倒；“窄”是要让楼梯扶手、窗子栏杆的间隔不大于10厘米，以防孩子从栏缝间跌落或卡住头部；“高”是指窗子距离地面的高度和楼梯栏杆的高度应在85厘米以上；“干”是指保持客厅、浴室、厨房和楼梯的地面干燥。

（2）居住环境避免“小、尖、长”

“小”是指如硬币、电池、扣子等这类直径小于3厘米、长度小于5厘米的物品不要放在孩子看得到、够得着的地方；“尖”是指刀、剪刀等利器或打火机、火柴等易燃物品必须收好，桌角尖锐处须加防护套；“长”是指超过30厘米长的细绳或电线等，必须卷起绑高，防止孩子被绳子缠绕脖子导致窒息。

2. 做好家庭安全隐患排查工作

（1）对厨房进行安全隐患排查

用固定的餐桌垫代替桌布，以防孩子拉桌布角，导致桌上的东西砸伤或烫伤孩子。电饭锅、微波炉等电器的电线尽可能不要拖在地上或搭在柜子边上。垃圾袋、塑料袋要放在隐蔽的地方。厨房用具不要放在孩子可以触摸到的范围之内。家长烹饪食品后要及时清理厨房用品和垃圾，并关闭电源，避免让孩子接触到明火、热油锅、热水等。

（2）对卫生间进行安全隐患排查

消毒液、洗衣粉、漂白粉、化妆品、剃须刀等要放在孩子拿不到的地方或者锁在柜子里。浴室电器如吹风机等，务必在用完之后拔掉电源；浴室内电线、插座要隐蔽。使用浴缸或浴桶之后要将水及时排干，防止孩子掉入其中溺水。洗衣机、烘干机等可敞开式电器在不使用时应当保持关闭并断开电源，以免孩子钻入其中发生危险。

（3）对全屋进行安全隐患排查

时常用吸尘器或扫帚对全屋进行“地毯式搜索”，把小的、不易被发现的物品及时清理掉，如硬币、别针、珠子、纽扣等。地板不要打蜡以免孩子摔跟头。电视机等比较重的电器要远离柜边。不要种植有毒、有刺的植物。鱼缸、花盆等易碎的、体型较大的物品底座应稳固，以免因孩子跑跳撞倒、摔破而伤人。

3. 防物品倾倒砸落

未固定在墙壁上的陈列柜，可能被孩子意外拉倒。倾倒的柜子和柜子中陈列的物品会砸伤孩子，这不是耸人听闻，而是现实中发生过的意外事故。家长们要注意，容易被绊倒或碰倒的东西都不要放在孩子能碰到的地方，如落地灯、电风扇、花盆架等。在孩子房间的墙壁上悬挂的画框、镜子等物品要确保不会掉落。衣柜里挂衣物的挂杆有被孩子拉下来的可能，如果衣柜里挂了很多衣物，孩子很可能会被众多衣物压住而难以脱身。

4. 安全放置易碎品

家长可能认为孩子不会踩着凳子爬上写字台，再蹬着写字台上的书去够摆在书架上的相框、装饰画盘等。事实是，孩子有你意想不到的本领。家长能做的就是一切都要以安全为第一目的，要防止孩子拿到并打碎玻璃、陶瓷等易碎物品。放置这些易碎品时，不仅仅要考虑物品离地面的高度，还要考虑到孩子站在凳子、桌子上面时所能达到的高度。

第二节　家庭中的游戏安全

和孩子做游戏能有效促进其大脑发育，增进亲子关系，但是因为孩子过于弱小，在和孩子玩耍的时候，尽管有一些动作能使他们感到快乐，却暗藏着巨大的安全隐患，家长要注意选择一些安全性较高的游戏。

一位爸爸在刷短视频时发现一个与孩子互动的翻跟头视频，视频中的爸爸让女儿伸出两只手，然后反手拉起女儿，先让女儿双脚腾空，再让女儿在空中翻腾一圈后落地。看完视频后，这位爸爸觉得好玩，想跟 2 岁的女儿也试一试，结果在模仿过程中失手，他拽起女儿在空中翻腾时没有抓牢，导致女儿瞬间从手中脱落，在落地的瞬间直接背部着地。爸爸慌忙抱起女儿检查，女儿哇哇大哭，表示身体动不了了，爸爸马上带女儿去医院检查。医生检查后发现孩子的脊椎严重受损，导致其上半身暂时无法活动。

一天下午，泽泽爸爸和泽泽玩“骑大马”游戏，泽泽爸爸四肢着地，让泽泽骑在他的背上。一开始泽泽爸爸爬得比较慢，泽泽在背上坐得还算安稳，但是过了一会儿，爸爸忽然加速，泽泽的头因为惯性忽然后仰，结果造成了脊椎损伤。泽泽爸爸为自己莽撞的行为感到十分懊悔。

故事中两位爸爸的行为都不可取。家长和孩子做一些简单的亲子小游戏本来是有益于孩子认知、动作等发展的，但不是所有的亲子游戏都可以选择，尤其是一些传统、古老的逗娃游戏。像泽泽爸爸和泽泽玩的“骑大马”的游戏，稍不注意，就容易对孩子的身体造成不可挽回的伤害。不止是“骑大马”，“举高高”游戏同样危险。假如孩子下落时，家长没有准确地接住孩子，因下落冲击力大，孩子摔下时会使得其脑组织与脑壳碰撞，引起脑震荡，甚至造成颅内出血。还有的家长喜欢和孩子玩“转圈圈”的游戏，但是由于孩子部分身体机能尚未发育完全，关节韧带较为脆弱，稳定性差，家长的大力拖拽容易使孩子头晕目眩，如果用力不当，易造成肩关节、肘关节脱臼；停下来时孩子也容易因站立不稳而跌伤。所以家长在选择亲子小游戏时一定要坚持科学性、安全性的原则。

教子有方小课堂

1. 选择适宜的亲子游戏

亲子游戏是需要家长与孩子一起完成的游戏，因此，家长在选择亲子游戏时需要考虑孩子的动作发展水平，同时，还需要考虑家长自身的体能状况。比如在游戏“小飞机”中，如果家长没有足够的力气抱住孩子往前跑，也会是意外发生的一个重要因素。所以家长一定要了解自身情况，尽量选择一些稳妥、安全的亲子游戏，避免意外的发生。

2. 注意玩具的安全性

家长可以说是对玩具进行最后质量把关的人，所以家长在为孩子选择玩具时，应该以安全性为首要原则。

阅读玩具标签对于确保安全至关重要。玩具标签包括玩具说明、材料清单、年龄限制等。玩具说明能够帮助家长确定该玩具的使用方法和注意事项；材料清单帮助家长识别玩具中是否存在有安全隐患的零件；年龄限制帮助家长确定孩子是否适合玩该玩具。如果家长没有注意到玩具的年龄限制，而孩子年龄较小，不在年龄限制范围内，该玩具对孩子来说就有可能存在安全隐患。

第三节　家庭中的用电安全

孩子触电，多因玩弄电器、电插座、开关、电线等，是家庭日常生活中比较常见的意外伤害。

所以对孩子进行防触电安全教育并做好防触电安全防护措施是必不可少的。这将减少触电这类意外事故的发生频率，以更好地为孩子的健康成长保驾护航。

2岁男孩豪豪在桌边玩耍，看到一旁正在旋转的电风扇，就试图从插座中拔除电风扇的插头，这时豪豪手指不小心伸进了插座的孔洞之中……还没等豪豪妈妈说完“不要拔了”这句话，就见豪豪身体一阵抽搐，倒在地上。妈妈急忙将豪豪送往医院抢救，好在经过及时治疗，豪豪已无生命危险。

明明今年1岁了，家住一楼。一天，明明的玩具掉落到防盗窗外边。明明伸手去够玩具，但是一不小心碰到了防盗窗，突然倒地不起。明明妈妈见状，急忙将明明送往医院抢救，但是为时已晚，明明永远地离开了。事后调查发现，明明家防盗窗一侧的电线绝缘皮老化破裂，几根电线缠绕之处露出了里面的铜线，铜线又和防盗窗相接触，且明明家的防盗窗为不锈钢材质，极易导电。明明拿玩具时恰好碰到了防盗窗，于是酿成了惨祸。明明父母后悔地说道：“已经注意到了电线老化的问题，没有及时处理，想着就一处破损，过几天有时间再处理，没想到害了孩子。”两人追悔莫及。

第一个故事中，豪豪因为想要拔掉电风扇的插头，结果不小心触电。造成这个事故的第一个原因是家长选择了错误的插座。豪豪家使用的插座，从外面可以看到插孔里面的金属片。这种插座的危险系数很高，孩子的手指比较纤细，如果不小心伸到插孔里面，极易造成触电事故。第二个原因是豪豪的家长没有意识到插座的危险，让插座暴露在孩子容易接触到的地方。孩子年幼，无法识别环境中的危险因素，需要家长的细心照管。

造成第二个事故的原因是家长没有及时处理好破损的电线。家中的电线应当隐藏好，如果发现电线绝缘皮破损或电线断裂，一定要及时处理。

教子有方小课堂

1. 做好防触电安全教育

正在充电的手机、各种小电器等要放在孩子不易拿到的地方，并且要反复告诉孩子，不要用小刀、不锈钢筷子等金属物品以及手指去戳、碰电源插座，否则会受到伤害。

教育孩子洗完手一定要及时擦干，不要用湿手去开灯、关灯或触碰其他电器开关。

为孩子购买电动玩具时，一定要购买正规厂家的产品，要特别注意电动玩具的设计和安全性，降低触电事故发生概率。

2. 做好防触电安全保护措施

家中使用的电器，应从正规渠道购买，认准安全标识、出厂证明和检验合格证。建议选择具有儿童保护功能的家电。

电器使用完毕后应及时拔掉电源插头。插拔电源插头时不要用力拉拽电线，以防止电线的绝缘皮受损造成漏电。

客厅的电视、音响等电器的电源插座一般距离地面都不太高，孩子很容易触摸到。所以父母可以尽量选择双极防触电的插座，也可以在电源插座上安装防护盖，或在插座不用时插入安全隔离插销，这样会极大降低孩子触电的风险。

不随意拆卸、安装电源线路、插座等。

保持电器使用环境的干燥，特别是厨房和卫生间的电器。

第四节　家庭中的烫伤预防

烧伤一般包括热液（水、汤、油等）、高温气体、火焰、炽热金属液体或固体（如钢水、钢锭）等所引起的组织损害。有研究表明，热液烫伤为孩子烧伤的最主要原因，其次是火焰烧伤，化学烧伤相对较少。

孩子的皮肤比较脆弱，即使对于成人来说并非很高的温度，对于幼小的孩子来说也是非常危险的。有时孩子接触温度不是很高的物品，也有烫伤的危险。同时，孩子对热的回避反射不够迅速，与成人相比更容易发生较深的烫伤。

另外，烫伤会给孩子带来肉体和精神上的痛苦，甚至直接威胁其生命。烫伤造成的疤痕、畸形会给孩子带来终身的功能障碍和心理伤害。因此，预防烫伤的发生以及烫伤后的正确处理就显得尤为重要。

刚刚平时一直由奶奶照看。前几天早上，奶奶只是去厨房盛饭的工夫，刚刚就跑到卧室踩着凳子去够窗台上的保温杯，保温杯里是奶奶刚给他倒的开水，他把手伸了进去。奶奶过去看见他的手腕和手都烫白了，皮也被烫掉了。情急之下，奶奶想到了用酱油涂抹缓解烫伤的土方法，就赶紧把酱油涂在了刚刚的伤口上面。之后，奶奶电话联系了刚刚的父母。父母带他去了当地的医院。

医生建议家长，可以带孩子到大城市治疗，也可以留在当地医院等待手术。当时，家长决定在当地等待手术，可是这一等，却等来了更糟糕的情况……刚刚妈妈说："晚上我和他爸爸摸他的手，手特别凉，就像血不流通了似的，于是家里一商量就决定不等了。"第二天，刚刚的父母带着他来到省城的医院，但到达医院时，距孩子烫伤已经过去大概 30 个小时了，错过了最佳治疗时间。

故事中的奶奶让孩子单独待在一个房间里，这就是诸多意外事故的源头。故事中的刚刚在烫伤之后，奶奶选择用土方法为他做急救处理，之后也没有及时去医院治疗，导致孩子情况恶化。所以，家长一定要时刻关注孩子，如果孩子被烫伤，要对孩子的烫伤部位进行正确的处理，随后尽快带孩子去医院接受治疗。

教子有方小课堂

1. 烫伤急救步骤

（1）冲

立即用大量冷水冲洗烫伤处直至疼痛明显缓解，让引起烫伤的热量被完全带走。这是烫伤急救最关键的一步。其目的是中和余热，尽可能降低伤害。

（2）脱

在冲够时间后，再轻轻脱下患处的衣物。及时脱去衣物可以避免余热的持续伤害。脱下有困难时可用剪刀剪开衣物。但如果衣物已经和皮肤严重粘连，就不要硬脱，否则可能会将皮肉一起撕下来，这时只需轻轻地把患处周围的衣物剪开即可。

（3）泡

经过了前两步的处理，再用一盆凉水浸泡患处约 30 分钟，记住只用凉水就可以了，不要用冰块。冰敷温度太低，会导致创面下血管强烈收缩，不利于创面恢复。

（4）盖

用清洁敷料覆盖以保护创面。可以找干净的毛巾、手帕或绷带。千万别乱抹药物，会加大清创难度，增加皮肤受损的风险，影响医生对创面的正确判断。

（5）送

伤势严重的要尽快送到医院治疗。

2. 做好家庭热液烫伤预防工作

家长应妥善放置家庭中易引起烫伤的物品，如热水瓶、开水壶、热汤、热菜等，防止孩子抓翻或拉倒；洗澡时应先放冷水再加热水；使用热水袋时水温不可过高，并用布包裹。

3. 做好家庭其他烧伤预防工作

除了烫伤，其余类型的烧伤也会引发严重的后果。因此，做好其他烧伤的预防工作也非常重要。以下为除热液烫伤外的其他烧伤事故的预防及注意事项：

（1）预防化学灼伤

家中最好不要放强酸、强碱等危险物品，不要拿空饮料瓶装危险溶液，以免孩子误食。

（2）预防接触性烫伤

家长在使用电热器、电熨斗等高温物品时，要注意让孩子远离，以免孩子因好奇接触而造成烧烫伤。

（3）预防火焰烧伤

不要让孩子接触放置易燃物品的地方，如酒精、汽油、柴油等。家长要向孩子讲明玩火的危险性，避免酿成大祸。

第五节　家庭中的防拐教育

儿童拐卖问题不容忽视，尤其是0~3岁的婴幼儿。其年龄较小，并不具备识别外界危险事物和人的能力，如果遭遇拐卖且未被及时发现，后果不堪设想。因此，从家长角度出发开展防拐教育，预防拐卖事件的发生是非常重要的。

这天晚上，乐乐在医院出生了。生产过后，乐乐妈妈由于过于劳累，虚弱地睡着了，而乐乐的爸爸也因为照顾乐乐和乐乐妈妈非常疲惫，睡了过去。可是，当两人睡醒时，发现乐乐不见了！两人慌忙出去找医生和护士询问，发现乐乐不在医院里，这可给夫妻二人急坏了，赶紧报警，寻找乐乐。好在经过警方的努力，乐乐终于被找回来了。原来，一个人贩子在医院病房看到乐乐爸妈都睡熟了，周围也没有其他人，心生歹念抱走了乐乐。

故事中乐乐的爸妈由于过于疲劳在医院睡着了，因此被人贩子钻了空子，差点酿成大祸。而乐乐被及时找回离不开警方的大力寻找、医院监控设施的完善。但如果婴儿处于一个没有监控的环境之中，而且父母也没有及时发现，那将会造成极其严重的后果。此外，由于孩子年龄较小，无法对其直接进行防拐教育，同时，人贩子的拐卖手法层出不穷，所以这就需要家长提高自身的安全意识，不让孩子离开自己的视线，随时关注孩子动态，这样才能最大程度地防止拐卖事件的发生。

教子有方小课堂

1. 不要让孩子离开自己的视线

很多拐卖事件的发生都是由于孩子不在家长的视线范围之内，哪怕只是一门之隔，如果孩子被拐，家长也没有办法第一时间发现。此外，人贩子的手法层出不穷，比如，他们会带着一个孩子和家长攀谈，两名孩子就去远处玩。由于同样带着孩子，此时家长的警惕性可能会下降，孩子就这样离开了家长的视线范围。这时人贩子的同伙就有机会拐走孩子。所以家长带着孩子外出时，必须保证其在自己的视线范围之内，与陌生人交谈时最好能拉住或抱住孩子。

2. 看护孩子时不要分心

很多家长在看护孩子时会用玩手机的方式来打发时间，殊不知这种行为是非常危险的。看护孩子时要减少使用手机等电子产品，因为这样容易分散家长的注意力，让人贩子有机可乘。

3. 家中防拐注意事项

很多家长认为孩子被拐卖只会发生在户外环境中，但是有时拐卖也发生在家中。现如今，年轻父母工作繁忙、家中老人也不方便照看孩子的家庭会选择请月嫂或保姆。但是有些人贩子就会伪装成月嫂或保姆骗取父母的信任，随后进入家中直接拐走孩子。所以父母在选择月嫂或保姆时，一定要选择正规的公司，核实清楚身份信息，慎重选择。

第五章　家庭情感教育与亲子关系指导

第一节　情绪是孩子交流的手段

情绪和感受都与孩子早期的发展相联系。哭声、眼神、面部表情和肢体动作都是特殊的语言符号，传递着孩子不同的情绪和需要，这就是孩子特殊的交流方式。这些情绪是什么以及情绪从何而来都是家长特别感兴趣的。孩子可能因为一件你认为非常微小的事情而难过，但是他的感受是真实的，我们应该承认和接纳这种感受。

有些家长并没有跟上孩子的变化，依旧把孩子当作一个处处需要成人照看、保护的个体，经常使用“不行，不能爬”或“不行，别碰那个”等指令性的话语来限制孩子，常常导致孩子的情绪愈加激动和强烈。因此，弄清孩子情绪背后的原因才是解决问题的关键，或许这是孩子在向家长表达自己的感受。

2 岁的姐姐走到 3 个月大的妹妹旁边，她猛地伸出手，想去摸婴儿的头。一旁的妈妈用手温柔地抚摸着姐姐的头说：“轻一点儿。你可以摸，但你必须轻轻地摸。”姐姐鲁莽的动作变成了轻轻的抚摸，她轻抚了这个婴儿一分钟，但是，随后她变得很激动，她的抚摸变成了重重的拍打。妈妈马上制止了她，并紧紧地抓住她的手。姐姐的行动受挫，她转向妈妈，瞪着眼，并开始抗争。同时，发出反抗的尖叫声。最后，这个愤怒的小女孩被带到一旁，妈妈平静地对她说：“我知道你很生气，但我不能让你打妹妹。”

故事中姐姐的愤怒看似因她想做的事情被阻止而起，但有时原因并不与当时的情境相关，而是来自更深的层面。当孩子愤怒的原因并不明显，或者成人认为这种原因无正当性时，他们常会这样评论，如“没什么好生气的”。但是，即便原因不明显或者无正当性，孩子的感受也是真实的。故事中妈妈的做法值得肯定，她在制止孩子行为的同时能尊重孩子的感受。

故事中的姐姐虽然还不懂得如何去控制自己的情绪，但这也是受到其身心发展水平影响的，随着年龄的增长，她将会不断地学习如何管理自己的情绪。家长也应帮助她接受这些强烈的情绪，并且尊重她产生这些情绪的权利。

教子有方小课堂

1. 孩子表达自己生理性的需求时

当孩子情绪不稳定时，或许在向家长表达“我饿啦，我渴啦，我太热啦，我太冷啦”等生理需求，在一段有节奏的哭声后，有一个简短的沉默，然后可能会发出短暂的音调高过哭声的类似口哨声的声音，然后休息一下，再开始下一轮哭泣。这种情况下，家长应及时满足孩子的需求，给予孩子持续稳定的照顾，这样会让孩子有充足的安全感。

2. 孩子表达自己的负面情绪时

当孩子吸进大量的空气、震动声带发出特别大声的哭泣声时，家长要考虑到是否孩子在表达自己生气或者愤怒的情绪。这时候家长需要先分析下孩子为什么会生气：有人拿走了他的玩具？周围太吵了？没人陪他玩？有人凶他？把他弄得不舒服了？当孩子情绪激动时，家长可以通过其他事情转移孩子的注意力，比如妈妈可以给他一个拥抱，轻拍或抚摩他的后背，亲亲他，温柔地对他说："宝贝难过了，对吗，妈妈知道了，妈妈爱你。"这是对孩子最好的安慰。等孩子情绪平稳了，妈妈再耐心地告诉他为什么不能这么做，而不能不回应、不处理，否则当孩子再次遇到同样的事情时，还会出现类似的现象。

3. 孩子表达自己的恐惧时

当孩子通过面部表情和肢体动作透露出他在害怕时，移走让孩子恐惧的源头是最直接的方法。这个时候，家长可以通过肢体、表情和声音树立一个温和、平静的家长榜样，并告诉孩子"你是安全的，我们会永远保护你的，不要害怕"，以此来稳定孩子的情绪。

第二节　给予孩子尊重和信任

家长们通常认为，孩子应该表现出对大人的尊重，其实，大人也应该对孩子表现出同等水平的尊重。孩子是通过看到生活中的尊重行为来学习尊重的。一个不被尊重的孩子很难学会尊重。

我们大多数人对自己的孩子都抱有较高的期望。你可能希望自己的孩子安静、爱思考、精力充沛且性格开朗，又或者拥有一些其他的品质和才能，你甚至可能希望孩子能够完全像你一样。但我们不能把我们的想法强加到孩子身上，孩子也是一个值得尊重的独立个体。

小梅很高兴自己有了一个小女儿，她用色彩斑斓的蕾丝和花边对婴儿房做了精心装饰。在女儿的头发还没长出来的时候，她就为女儿买了缎带和发夹，抽屉里装满了可爱的小裙子。她把自己最喜欢的布娃娃都清洗干净，还买了几个新娃娃，她准备好了要和女儿共度各种快乐时光。

然而，小女孩有其他的想法。她并不是一个喜欢被抱着的婴儿，总是不停地扭来扭去。小女孩很早就会爬、会走了，她喜欢一次又一次地把吸尘器的零件拆下来，喜欢清空橱柜里的所有东西。那些精致的小裙子让她感到很讨厌，这个孩子似乎拥有撕坏和弄脏这些裙子的天赋。大一点的时候，她加入了男孩们的游戏，并且在爬树方面表现出了惊人的天赋。她甚至喜欢蜥蜴和蛇。小梅尝试过让她上芭蕾课，甚至是体操课，但都无疾而终。最终小梅还是选择尊重女儿的意愿，让她能够用自己喜欢的方式度过珍贵的每一天。

小梅毫无疑问是爱她的女儿的。所有的家长对自己的孩子都有期望，而期望并不是一件坏事。但是，我们要学会尊重孩子，让他们感受到被接纳和自我价值。小梅心中有一个理想孩子的模板，但她并没有过度地将自己的想法强加于孩子身上，而是顺其自然，尊重孩子的想法；唯一不变的是，她是小梅最爱的宝贝。这种带有尊重的爱将使孩子具有更强的适应能力和自信心。如果你也想鼓励你的孩子，并帮助他获得归属感和自我价值感，就请给予他足够的爱与尊重。

教子有方小课堂

1. 将孩子视为值得尊重的个体

家长应像尊重成人一样尊重孩子，试着想象一下，你看到一个成年人摔倒时，你会如何帮助他？即使你的力气足够大，大概也不会直冲过去然后一把将他扶起来。相反，你会先与他进行交流，问问他是否摔伤了以及是否需要帮助。如果这个人表明自己没有大碍并且试图站起来，你大概会伸手帮他一把，同时，你可能还会安慰他几句。多数人都会礼貌地对待成年人，这并没有任何问题。

可是大多数成人看到孩子摔倒时，就会立刻冲过去，一把将其抱起来，并不会对其进行询问而直接采取行动，但也许他这时需要的仅仅是大人的安慰，而不是身体上的帮助；也许他会感到生气或尴尬，需要大人了解和倾听他们的感受；也许他什么都不需要，在没有大人干预的情况下也可以站起来，继续做自己的事情。因此，若要给予孩子尊重和信任，首先就要在观念上将孩子视为值得尊重的个体。

2. 满足孩子的需要

孩子的需要比你能想到的要更简单。所有真正的需要都应该得到满足。比如，孩子需要食物、住所，需要温暖和安全。

孩子在只有 3 个月大的时候也许就喜欢看妈妈的脸，想和妈妈一起躺在床上，而不是冰冷的婴儿车里。你竭尽所能想为他提供你觉得最好的、最有助于他发展的东西，但这些东西是否是孩子真正需要的呢？作为家长要懂得倾听，理解孩子的感受，从而给予孩子真正需要的东西，而不是你认为他所需要的。

3. 尊重孩子的天性

家长在教育孩子的过程中，要充分尊重其个性差异和天性特点，不断激发孩子的潜能，使其能够自由发展。孩子天性释放的基础来自于自身与环境的交互过程中所获得的众多感性经验，那么，家长应为孩子提供获得丰富经验的机会，给予他们充分的自由去探索自然与感受劳动，进而丰富其感性经验，延展孩子天性的发展。

第三节　鼓励孩子直面挫折

作为家长，不要总想着帮孩子解决一切问题，让孩子碰不到一丝一毫的困难，要知道挫折有利于孩子的成长。孩子在还无法分辨是非对错的年龄，正是通过家长的鼓励、制止、赞成、反对等，才渐渐学会在不同的时间和地点，面对不同的对象和环境，如何调整自己的行为以适应社会的规范和要求。

挫折锻炼了孩子的自理能力，使他有足够的能力慢慢面对问题、解决问题。挫折也增强了孩子的意志力，他每克服一次生活中的挫折，就会获得一次愉快的体验。心理学家把轻度挫折比作精神补品，因为他每战胜一次挫折，都会强化自身的力量，增强自身的意志力，为下一次应对挫折提供精神力量。

詹森是 14 个月大的小男孩，他一边大声哭，一边把手指举到自己胸前。爸爸看到后忙问："詹森，发生什么事了？"

詹森继续哭着，并把自己的手指给爸爸看。爸爸轻轻地摸了摸他的手指，平静而又理解地说："看来你把自己的手指弄伤了。"听到爸爸的话，詹森拿开了自己的手指，拽着爸爸的裤子，好像要带他去什么地方。

“你想带我去看什么东西吧？”爸爸替詹森说出了他的想法，然后跟着他来到另一个房间。詹森一边抽泣，一边把爸爸带到一个打开的橱柜门前。当他靠近这个橱柜时，他的哭声有了一点微妙的变化，并且开始拍打柜子。

“你的手指被柜门夹了吗？”爸爸问道。

“我知道你很生气，但是我们不能砸柜子，这样做可能会砸坏柜子。”爸爸的语气坚定，并且抓住了詹森的胳膊。

詹森看起来像是在重新思考，虽然还在哭，但是他小心翼翼地把柜子的门关上又打开，这样重复了多次。“对，这样开关柜子的门就不会被夹到手了。”爸爸将詹森的动作用语言表达出来。

故事中，詹森爸爸对詹森遇到的困难表达了共情和理解，但是他并没有直接告诉詹森应该如何处理，也没有表露出过多的同情，而是用平静的语言和充分的关注给予詹森所需要的支持，鼓励詹森自己去面对所遭遇的问题，从而发展了孩子解决问题的能力。

教子有方小课堂

1. 避免过度保护

大部分家长出于对孩子的保护意识，会尽力为孩子提供一帆风顺的生活。回避挫折的做法，不能使孩子获得对挫折的抵抗力或

“免疫”力，只会造成孩子对挫折的“过敏反应”：不知所措、焦虑、沮丧、退缩等，最终由于家长过度保护而造成孩子抗挫能力低下、心理脆弱等后果。所以家长应充分认识到适度的挫折教育是保障孩子健康成长的一部分。

2. 给予鼓励与安慰

相对于外在的客观世界，孩子是弱小的。孩子在面对挫折时，会出现悲观、失望、退缩等情绪反应，这些情绪的出现一般是基于对挫折的错误认知。如果没有得到恰当的引导和帮助，不能从负面情绪当中走出来，孩子就容易形成习惯性的、对挫折的消极反应，难以拥有较强的抗挫能力。所以，当孩子处于挫折中时，家长应主动与孩子沟通，听孩子倾诉，充分了解孩子受挫的过程和感受，并给予鼓励和安慰，使孩子有勇气正视挫折，并引导孩子积极寻找对策，让孩子经历在家长的关爱下战胜挫折的过程，体验战胜挫折的愉悦。

3. 培养解决问题的能力

每一次犯错都是培养孩子解决问题的能力的好机会。因为无论遇到怎样的问题，最终都是需要解决的。所谓挫折，并不一定是什么难以解决的问题，对孩子而言，即使是玩具掉到了床底下自己无法取出来，或是奶嘴因为手滑而不小心掉到地上不能再吃了这样的小事情，孩子也会觉得受到了很大的打击。只要是孩子不能凭借自己的力量达成的事情，对孩子来说都是挫折。

如果孩子现有的水平可以自己独立解决问题，那么家长可以给孩子提供不同的看问题的角度，让孩子变通思路，尝试其他的解决方式。

如果孩子现有的水平并不能独立解决问题，那么家长可以给孩子“搭把手”，这样孩子就能够在你的指导下，继续探索，尝试自己解决问题。

当孩子获得成功后，家长还需要及时肯定孩子在解决问题的过程中所付出的努力，让孩子获得成功的体验。

第四节　建立良好的情感联结

当你和孩子的情感联结很强烈时，当你能识别并回应他的信号、与他产生情感共鸣、切身体会他的所感所想时，你与孩子之间就形成了一种信任感和安全感，孩子也能获得一种强烈的归属感。

获得这种强烈归属感的孩子也能够与他人建立良好的情感联结。这将有利于他在不久的将来能更好地处理各种人际关系，尽快地适应各种复杂的环境。同时，他还更有可能习得家长希望他具备的社会技能、情感技能和智力技能，为未来的社会生活做好准备。

一位妈妈俯身看着尿布台上的小婴儿。他们面对面，妈妈与他交流换纸尿裤的事情，这吸引了他全部的注意力。换纸尿裤时，婴儿的双脚蹬在妈妈的肚子上，直到他全身放松后，妈妈才开始为他换纸尿裤。妈妈的动作很温柔，也及时地回应婴儿。每当妈妈告诉婴儿要做什么时，她都会耐心等待婴儿做出面部或肢体反应后才继续。妈妈与婴儿谈论每一步要做的事情，让婴儿的注意力始终集中在换纸尿裤以及他们的互动上。换好纸尿裤后，妈妈向婴儿伸开双臂说："我现在要把你抱起来。"听到她的话，婴儿的头和身体期待地稍稍前倾，脸上露出了微笑，愉快地被抱了起来。

故事中的妈妈十分有耐心，这不仅仅体现在她给孩子换纸尿裤的行为动作上，更多地体现在她和孩子的沟通中。孩子虽然年龄小，但对于一些简单的语言符号是可以理解的。这位妈妈在换尿布前会和孩子进行交流，在换尿布的过程中动作十分温柔，每一步动作都会在孩子做出一定表情或者反应后再进行，关心孩子是否舒适、愉悦。妈妈的每一个动作都伴随着和孩子的交流，这种温柔又尊重的方式有助于妈妈和孩子之间建立起亲密友爱的情感联结，同时在无形中也满足了孩子安全与爱的需要，给予了孩子充足的安全感。

通过换纸尿裤时妈妈与孩子之间良性且有效的互动，孩子体会到妈妈对他无微不至的爱与关怀。在爱里成长的孩子将会在未来的社交生活中表现出更多的自信。这种与家长之间积极的情感联结对于孩子未来的发展将起到一定的促进作用。

教子有方小课堂

1. 给予孩子高质量的陪伴时间

专注于当下和孩子在一起的时间。家长似乎总是认为，如果他们只是坐在旁边看着孩子玩耍，就是没有尽到自己的责任，他们总想扮演老师的角色，认为总应该教点什么。但是你要明白没有人喜欢听别人发号施令，你只需要陪伴他就好了，让孩子知道，你在时刻关注着他。

家长可以每天给自己规定一个高质量陪伴孩子的时间，在这个时间和空间里，家长应是专注的，不看手机、不想其他的事情、不走神，只全神贯注地陪伴孩子，可以是亲子阅读，可以是亲子游戏。这样高质量的陪伴，哪怕每天只有 30 分钟，也能和孩子建立很好的情感联结。

2. 陪伴孩子睡觉

当孩子在妈妈肚子里的时候，他们就会感受到来自母体的安全感。在出生之后，他们更需要通过和妈妈的肌肤接触，来重新获得安全感。这种安全感对孩子未来的成长非常关键，带着安全感长大的孩子，心中有底气、自信，人际交往能力会很强。有些孩子从小是和祖辈一起睡，他们和父母没有太多的感情。事实上，祖辈在照料孩子时会有很多顾及不到的事情，长此以往，孩子就会变得寡言，很多话无法诉说，内心孤独。

十月怀胎，孩子从妈妈的肚子里出来，是孩子和妈妈的第一次分离，这其实对于孩子来说，挑战非常大。在妈妈肚子里的时候，孩子通过脐带就可以获得营养；现在他饿了要哭，奶送过来了还要自己吮吸，有时候他哭闹，妈妈还不一定能做到立即回应。所以，离开子宫，来到这个陌生的世界，对于孩子本身来说就是一种很大的冲击。他从子宫那个温暖、稳定的环境，来到了这个新奇又陌生的世界，会感觉到焦虑和恐慌，那他依靠什么去建立他的安全感呢？这就需要妈妈的陪伴与照顾，因为孩子对妈妈的气息是最喜欢和最熟悉的。在妈妈的怀抱里，或躺在妈妈的身边，他才会感觉自己好像回到了妈妈的子宫，安全稳定。

如果妈妈平时需要上班，工作很忙，无法经常陪伴在孩子身边，那晚上就多陪伴孩子睡觉吧。特别是在孩子还小、没有分房睡之前，这是孩子和家长，尤其是和妈妈建立情感联结最好的方式，同时还可以帮助孩子建立良好的安全感。

第五节　减少亲子冲突

正面管教是建立在引导、理解、鼓励和沟通的基础之上的——而非惩罚。惩罚的目的是强迫孩子为他所做的事情“付出代价”，而管教的目的是帮助孩子通过他所做的事情来学习。

孩子在出生后头几年中的很多行为，更多地是与其情感、身体和认知的发展及其年龄相称的行为，而不是“不良行为”。婴儿和学步期的幼儿需要能提升他们的发展和情感联结的非惩罚性管教，而不是指责或打骂。对很小的孩子的管教，主要是决定你自己怎么做，而不是期望你的孩子怎么做。打下一个相互尊重而且有效的养育方式的基础，永远都不会太早。正面管教的原则将帮助你与孩子建立一种充满爱和尊重的关系，并且会帮助你解决生活中与孩子的种种冲突。

一位妈妈苦恼于自己16个月大的女儿总是想做什么就做什么，尽管她和她丈夫已经尝试了各种各样的方法。

“我们试过了说‘不’、让她停下、打她的手、冲她大喊大叫，但似乎对她都不管用，她还会大发脾气。我感觉我们已经试过了所有的办法。我反对打孩子屁股，只好以打手代替，但也不管用。我丈夫认为我们应该打孩子屁股，以便她知道自己做了错事并且不会再犯。”

后来在一次冲突发生时，这位妈妈对着她的女儿大喊：“不行！”这个孩子冲妈妈喊：“行！”妈妈用更大的声音喊：“不行！”孩子尖叫着喊：“行！”这时，妈妈想起了温和与坚定并行的重要性。她蹲下来，一反常态给了孩子一个拥抱，并温柔地说：“不行。”她的女儿沉默了一会儿，说：“好吧。”

故事中，这位妈妈的做法是明智的，她用一种温柔而有效的方式避免了她和孩子之间发生冲突，当孩子对她大喊大叫时，妈妈并没有选择硬碰硬，而是选择用一个拥抱来缓解她和孩子之间的对立气氛。孩子的模仿性很强，你表现出生气、暴躁的行为与情绪，她也会下意识地模仿你的行为。家长的言传身教对于孩子的成长有着至关重要的作用，这也是为什么一再提醒家长在家里要时刻注意自己的言行举止，因为你不知道你的哪一个动作就被孩子无意识学会了。家庭中的教育影响总是潜移默化的，孩子的许多行为习惯都在无形中被养成和强化，早期教育对人一生的发展是起到至关重要的奠基作用的。

教子有方小课堂

1. 保持温和而坚定的态度

家长首先要认可孩子的感受："我知道停止玩耍很难，但现在该吃饭了。"或表示理解："我明白为什么你更想玩而不想去睡觉，但现在该睡觉了。"此外还可以转移孩子的注意力："你不想刷牙，可我不希望你的牙齿黏糊糊的。我想和你比赛，看看谁先到洗手间。"也可提供一个选择："我知道你想在商店里到处跑，但那是不可以的。你可以待在我的身边，或者我们可以找地方坐一会儿。"

2. 倾听孩子的争辩

家长在批评孩子时，孩子有时会与你争辩，家长要学会倾听，或许他还不能说出一句完整的话，但家长也应该去倾听，在孩子断断续续的言语中感受他想表达的意思。他之所以争辩说明你批评的话他听进去了，另一方面也说明家长说的话也可能有不对的地方，或没能更好地从孩子的角度出发。家长要及时反思自己的言行，思考自己的教育方法是否得当，是否由于过分干涉引起了孩子的反感，是否自己宽严不当造成孩子不知该如何做等。明智的家长通常不把自己的意志简单地强加在孩子身上，而是为孩子的争辩创造一种宽松、平等的氛围，在争辩的过程中，通于情而达于理。

3. 选择非惩罚的解决方案

我们大多数人的管教理念都来自我们的父母、我们的社会和文化，以及经年累月的传统。很多人相信孩子们必须遭受痛苦，否则他们就学不会任何东西。但是，包括我们对孩子成长和学习方式的理解，惩罚在短期内似乎“管用”，但久而久之，惩罚会造成孩子的反叛、抵制。那些执着于惩罚的家长们通常会问一些错误的问题。他们通常想知道：怎样才能让孩子做我想要他做的事？怎样才能让孩子理解“不”？怎样才能让这个问题不再发生？但是，这些问题都是只注重短期效果的思考方式。

我怎样帮助孩子学会尊重、合作和解决问题的技能？我怎样帮助孩子感受到归属感和价值感？我怎样进入孩子的内心世界，并理解其成长过程？我怎样才能把问题当作学习的机会？这样的问题才是基于长远去考虑的。当家长们找到这些长远问题的答案时，那些短期问题就自动解决了。当孩子们参与寻找问题的解决方案时，他们就会合作；当他们发展到相应阶段时，他们就能够理解“不”的含义；当家长学会倾听并以能让孩子倾听的方式说话时，孩子就会倾听。

4. 建立冷静空间

当不可避免地与孩子产生了冲突之后，家长可以选择尝试积极的“暂停”。家长需要建立一个你和孩子能一起去的安全而舒适的区域 —— 冷静空间。这个空间可以简单到只是你们最喜欢的一把椅子，让孩子可以坐在你的腿上听你唱一首让人平静的歌或读一本书，或者放些枕头、填充动物玩具等孩子最喜欢的、能使其得到安抚的东西。在孩子 3 岁以前，你可能会发现这样说很有帮助：“让我们去冷静空间读一本书或听会儿音乐吧，直到我们俩都感觉好起来。”孩子可能不理解“暂停”的目的，但他会感受到你的话语背后的“能量”，并做出相应的回应。

第六章　家庭中的语言教育

第一节　提供丰富的家庭语言环境

家庭是孩子语言习得的初始环境，也是孩子语言能力获得的最重要场所。传承语言更多的是依赖家庭，而不是学校。如果没有家庭支持，学校语言教学的效果也难以保证。家长的有效指导可以更好地促进孩子语言的发展，为其语言的发生与发展奠定基础。因此，为孩子提供丰富适宜的语言环境对于其语言能力的获得和提升有着重要作用。

一项研究显示，家庭中家长使用的词汇越多，孩子所获得的词汇就越多。在丰富语言环境中成长的孩子与贫乏语言环境中成长的孩子所拥有的词汇量，在 3 岁时就已经有了很大的差别，到了 5 岁，这个差距已经达到了约 3000 个。科学家们对此进行了跟踪研究，发现家长对孩子输出的词汇量，以及与孩子交流互动的方式，对孩子的语言能力和词汇掌握能力有着直接的决定作用。

3 岁前是孩子语言发展的关键时期，在良好的语言环境中成长，受到正确教育方法影响的孩子，其语言能力和智力的发展情况都会更好。而如果孩子在这个阶段没有得到适当的指导，未来就很有可能出现语言障碍，或者形成不良的语言习惯。当家长或者他人用短小、简单的句子以夸张的语气与孩子说话时，会吸引孩子对语言的关注。在此过程中，孩子不断地接触新的语法规则和语义关系，并把它们纳入到自己的语言系统中。

教子有方小课堂

1. 家长是孩子语言获得的首任老师

作为孩子 3 岁前最亲密的接触者，家长可以通过与孩子交流刺激孩子的语言发展，创造条件和孩子多说一些简单的语言，帮助孩子积累更多的发音和词汇。家长在同孩子说话时要注意放慢语速、提高音调。每天和孩子说一下正在做的事情，表述一下孩子目前的状态和反应，尽可能地和孩子多说话，如在给孩子喂奶前，可以对孩子说："乖宝贝，饿了吧，别急，妈妈马上给你喂奶，多吃点，宝宝快快长大哟。"随着孩子年龄的增长，家长也要逐渐丰富交流的内容，不断地增加新的词汇和句子，在交流和示范中实现孩子对语音和语义的理解。

2. 生活环境是孩子语言发展的来源

生活是语言发展的源泉，丰富的生活环境更为语言学习提供了基础。孩子语言的习得需要与周围的人和物建立关联，通过对事物的感知获得语言的发展。因此，家长可以经常带孩子去户外活动，丰富孩子的生活经验，激发孩子的表达欲望，如去公园散步、去游乐场游玩等都会给孩子带来新颖的刺激，在此过程中如果伴随着成人语言的讲解和互动，就会更加有利于孩子语言的发展。

3. 选择孩子喜欢的内容和方式

语言的习得同样也需要兴趣。家长在环境创设中需选择孩子感兴趣的内容和方式，有助于孩子语言能力的获得和发展。因此，家长在与孩子的互动中需要多观察孩子的反应，找到孩子的兴趣点，发现孩子的探索轨迹，进而进行引导。在内容上，小故事和儿歌以其简短明快、富有节奏感的特点，对孩子有着较强的吸引力。可以多给孩子反复听一些引起他们兴奋的小故事或儿歌，让孩子在倾听的过程中，不断增加词汇量，进而能够进行清晰的口语表达。在活动方式上，游戏作为一种活动形式深受孩子的喜爱，可以通过游戏的方式，让孩子掌握一定的语言。如游戏“敬个礼，握握手”，在共同活动中促进孩子对语言和动作的理解，对孩子学习语言有很大的帮助。

4. 避免噪声对孩子的干扰

倾听是 3 岁前孩子了解世界的主要方式，良好的倾听环境是孩子习得语言的基础。需要注意的是，无论是成人对孩子的语言指导，还是社会环境中丰富的语言来源，抑或是儿歌或游戏，声音的高低都是特别需要关注的问题。3 岁前孩子的听觉器官尚未发育完全，因此提供给孩子的声音需要音量高低适宜，避免噪声的干扰。孩子所听到的声音尽量控制在60分贝以内，长期处于过高分贝的环境中（如高音喇叭、电子产品噪声、玩具噪声等）会导致孩子激动过度、注意力不集中，还会对孩子的听力产生损害。

第二节　捕捉孩子语言敏感期

敏感期是指孩子形成某种反应或学习某种行为的最佳年龄段。0~3岁孩子的大脑具有相当程度的可塑性，所以这一阶段被认为是孩子语言发展的敏感期。在这个阶段，他们时刻都在吸收来自成人和环境的语言刺激，为理解他人说话和发音做着双重准备。有研究者将3岁前孩子语言的发展划分为有差异但又相互关联的3个阶段：0~1岁是前言语阶段，1~2岁是言语发生阶段，2~3岁是幼儿基本掌握口语阶段。

1920年，美国牧师辛格在印度发现两个“狼孩”。小的2岁时就夭折了，大的约8岁，取名卡玛拉。卡玛拉从狼窝救回后被送到孤儿院，由辛格夫妇抚养。刚到孤儿院的第一年，卡玛拉不会说话，不会思考，没有感情，用四肢行走，昼伏夜出，睡觉也和狼一样。入院第2年，卡玛拉能双腿站立，能用手拿东西吃，能对抚养她的辛格夫人叫“妈”。入院第4年，她才能摇摇晃晃地直立行走，在吃饭时说"饭"这个字。入院第6年，她能说出30个单词，与他人交往时有了一定的感情。入院第7年，卡玛拉才能说出45个单词，能用三言两语表达简单的意思，能唱简单的歌曲；她能自觉地到鸡窝捡鸡蛋，在受到表扬后表现出非常高兴的模样。

故事中的"狼孩"在其语言发展敏感期缺失了语言学习的条件，没有处在母语的环境里，因此语言发展十分缓慢，虽然在后期进行了各种补救措施，但都收效甚微。语言敏感期对个体语言发展至关重要，对处于语言敏感期的孩子提供适当的指导，会激发孩子的内在潜力，对孩子后期的语言发展有着深远的影响。处于敏感期内的孩子，在语言习得方面接受的刺激越多，学习效果就会越好。

教子有方小课堂

1. 前言语阶段婴儿语言发展策略

前言语阶段又称语言准备期，对处于前言语阶段的孩子而言，是语言获得的核心阶段。此时的孩子能够发出一些简单的音节，开始分辨不同的声音，随着月份的增加，他们可以对周围人所说的话做出一定的反应，也开始听懂成人的一些指令。

在此阶段，可以为孩子提供多种声音刺激，帮助孩子获得发声、听音的积极体验，如家长说话的声音、电视的声音、音乐等。家长还应给孩子提供发音的机会，鼓励他模仿发音并适时强化，并帮助孩子将语言和事物建立起相应的联系，如喝水时让他先用小手摸一摸水杯的温度，告诉他是烫的还是不烫的，给他看图片时采用“点读”的方式等。

2. 言语发生阶段幼儿语言发展策略

当孩子在 1 岁左右能够说出被他人理解的词时，意味着他进入了言语发生阶段。言语发生阶段又称语言发生期，随着发音器官的成熟，孩子开始了学习说话的阶段。处于言语发生阶段的孩子开始出现听得多、说得少的语言发展特点，对他人所说的话的理解能力增强，而且掌握了许多新的词汇，出现“词语爆炸”现象，喜欢提问，也喜欢说“不”。

此时家长不仅要和孩子多沟通交流，还要注意交流时表述句子尽量保持完整，同时可以使用丰富的面部表情、富有变化的语调、规范正确的发音、准确的用词造句，为孩子提供良好的语言榜样和语言示范。家长还要注意给孩子提供丰富的词汇，扩大孩子的词汇量。亲子间的交流与沟通是孩子获得词汇的重要途径，家长可以在孩子接触新事物时，给孩子提供相关的词语，抓住和孩子说话的机会。图书是丰富幼儿词汇量的重要工具，家长可以为孩子选择图文并茂的绘本，让孩子在阅读的过程中习得更多的词汇。面对孩子频繁的提问，家长要耐心解答，讲述尽量保持生动，可以结合图片、实物等来帮助孩子理解。

3. 基本掌握口语阶段幼儿语言发展策略

幼儿基本掌握口语阶段也称语言发展期。此时孩子在掌握语音、词汇、语法和口语表达能力方面都较前一阶段有明显的进步，他们开始逐步用语言来表达自己的需要和情感，用语言来配合自己的动作和行为，基本上能用语言与人交往，并且开始对读、写产生浓厚的兴趣。

针对此阶段的孩子，家长要注意让孩子多看、多说、多练习，丰富孩子的语言经验，提高孩子的语言表达能力。家长还可以多带孩子参加集体活动，鼓励孩子和同伴交流，同伴间的交流不仅带给他们许多乐趣，更是为他们提供了语言交往和相互学习的机会。另外，语言游戏活动和阅读活动为发展孩子的语言倾听和表达能力提供了更加广泛的途径。

第三节 给孩子创造说话的机会

说话，是用语言表达思想、与他人进行交流的活动。1 岁以后，大多数孩子开始说出第一个有意义的词，这意味着经过一年的积累，幼儿的语言能力开始出现新的变化。从最初的“爸爸”“妈妈”，到简单的句子表达，再到 3 岁时能基本上与成人进行无障碍的交流，如若这一阶段能够给予孩子更多说话的机会，将会对其说话能力的发展大有裨益。

晚饭过后，2 岁半的可可拿着她的作品跑到妈妈面前，想和妈妈说说自己的作品。“妈妈，我的画。”可可主动向妈妈展示她画的作品——画上画着一辆公共汽车，车子由正方形组成，但是没有门，只有窗户。“这是可可今天画的画呀，可以告诉妈妈你画了什么吗？”妈妈问。“我画了公共汽车，车上有司机还有其他人。”“可可，这些人怎么上车和下车呢？你的车有门吗？”妈妈继续问。“我忘记了。”可可看着自己的公共汽车。“哦，没关系，可可是忘记画门了是吗，下次我们可以记着。那你准备带谁去坐公共汽车呢？”“我带妈妈去。”可可马上回应道。“可可要带妈妈去，妈妈真开心，那爸爸要不要一起呢？”妈妈紧接着追问道。可可说：“爸爸也要一起去。”

故事中可可的妈妈通过提问、重复、拓展的方式，围绕画的内容开展相关话题，引导可可进行表达交流。在与这个阶段的孩子交流时，言语之间要围绕孩子的兴趣点，并且在交流中，可以帮助孩子将问题回答完整，引导孩子将句子变得更加合乎语言规范，这样可以使孩子在不知不觉中将语句表达得更加完善。

教子有方小课堂

1. 经常与孩子进行语音互动

语言发展是一个连续的过程，1 岁内语言的积累为后期发生提供了基础。家长可以根据孩子月龄特征与孩子进行简单的语音互动。5 个月的孩子就可以发出比较随意的声音，此时家长可以对孩子进行一定的语言鼓励，如“宝宝太棒啦!”，还可以对孩子发出的声音进行模仿，对孩子进行强化。对于 8 个月以后的孩子，家长就可以有指向性地教孩子叫“爸爸”“妈妈”等，还可以把日常生活中的物品指给孩子看，并同时说出名字。在与孩子语音互动的过程中，家长要注意声音要洪亮，动作要夸张，反复向孩子说一些关键词语。

2. 在日常生活中丰富孩子词汇

孩子在 18 个月时进入“词汇爆发期”，在这一时期孩子每周能掌握 10~20 个新词汇。日常生活是孩子积累词汇、练习发音的重要途径，家长要尽可能地在日常生活中多和孩子进行语言交流，尽量通过语言来表达出自己正在做的事情、看到的东西、自己的内心情绪和情感等，并积极鼓励孩子回应，在不断的强化过程中，丰富孩子的词汇，激励孩子说话。如在早晨洗漱时，向孩子介绍洗漱用品，怎么使用等；吃饭时向孩子介绍今天的饭菜、吃饭时的用具等，都可以帮助孩子获得丰富的词汇。

3. 在户外活动中获得说话的经验

孩子的语言学习需要相应的社会经验支持，应通过多种活动扩展孩子的生活经验，丰富语言的内容，增强理解和表达能力。家长可以经常带孩子进行户外活动，在大自然中，孩子可以直接观察和接触外界事物，积累感性经验。家长可以有意识地引导孩子观察自然中的花、草、树、鸟等，并鼓励孩子将所听、所见、所闻用语言表达出来，在此过程中获得语言能力的提高。同时，家长可以利用户外活动的机会，为孩子创设自由、宽松的语言交往环境，鼓励和支持孩子与成人、同伴交流，让孩子想说、敢说、喜欢说，并能得到积极回应，在户外活动中获得说话的经验。

4. 在游戏过程中练习说话

游戏是孩子活动的主要方式，也是孩子喜爱的活动。家长可以在孩子自由玩耍时，询问他在玩什么玩具（说出玩具的名称），在做什么事情（说出自己的动作或活动内容）。家长有时也可以扮演游戏中的一个角色与孩子对话，如玩过家家游戏时，家长可以扮演“孩子”，让孩子扮演“爸爸”或“妈妈”，“孩子”故意向“爸爸”或“妈妈”提出许多要求，让孩子用语言处理和满足“孩子”的要求，从而练习讲话。家长还可以设计专门的语言游戏，让孩子练习。

第四节　家庭早期阅读活动指导

早期阅读是指孩子凭借色彩、图像和成人的言语以及文字来理解以图为主的读物内容的过程，是建立在孩子自身经验基础上成人与孩子的交流活动。早期阅读的兴趣和行为在孩子最初阶段就已经出现，早期阅读在促进孩子的神经系统发育、开启智慧、丰富知识、发展个性和提高语言能力等方面具有积极作用。家长对于早期阅读活动的重视对孩子阅读习惯的培养、对待阅读的态度，以及孩子后期的发展都会产生深远的影响。

两岁半的豆豆很喜欢每天晚上和妈妈一起看绘本，听妈妈讲故事。一天晚上，他在看一本书《我自己来》，看到书中宝宝在自己脱袜子、翻图书、脱衣服、睡觉的画面时观察了许久，看得很仔细。看完后，他拉妈妈的手说："妈妈，你看，这是袜子，我也有穿袜子。这是图书，宝宝在看书。这是衣服，宝宝在睡觉觉。"妈妈表扬他说得很好，会自己看图书了，豆豆很开心，大声地把刚才说的内容又自言自语地说了一遍。说完后，豆豆合上书后又问妈妈："妈妈，这本书叫什么呢？"妈妈边指着书名边回答："图书的名字叫《我自己来》。"豆豆若有所悟地说："噢，叫这名字呀。妈妈你再讲一遍给我听吧！"妈妈让豆豆翻书，又生动地讲了一遍图书的内容，讲到其中的对话时特意放慢速度让豆豆跟着说，豆豆听完后很满足，高兴地对妈妈说："妈妈，我也要自己睡觉，自己做很多很多的事情。"

一位奶奶给 3 岁的孙子读绘本，她一心想让孙子认识书上的字，一边逐字逐句地念故事，一边用手指点着书上的每个字，并且经常中断故事，提示孩子应该如何记住那些字的结构。孙子刚开始还饶有兴致地听故事，但由于奶奶对字的细节过度关注，孙子就开始越来越坐不住，东张西望，不想再看书。

早期阅读不仅可以培养孩子的阅读兴趣，提高孩子的阅读能力，更能在潜移默化中增强孩子的思维能力和认知能力。故事中，豆豆正处于形成良好阅读习惯的重要时期，他会自己翻书，能够关注到书中的细节，会进行简单的重复，理解书中的内容。此时，妈妈给豆豆的鼓励和回应进一步强化了豆豆的阅读兴趣。

但需要注意的是，阅读并不一定要和识字绑在一起。故事中的奶奶在阅读过程中过度强调让孙子认字，在一定程度上干扰了孩子理解故事的情节，削弱了孩子阅读的乐趣，反而不利于对孩子良好阅读习惯的培养，甚至会导致孩子厌烦阅读。家长如果真的希望启发孩子去关注汉字的细节，可以和孩子一起研究图画字卡，让孩子想象不同文字所描述的画面，进而加深对文字的理解和记忆。

教子有方小课堂

1. 正确认识早期阅读的价值

家长要树立正确的早期阅读理念，虽然不必故意回避对文字的接触，但早期阅读不等于识字教育，不宜过早让孩子大批量识字。有研究发现，成人在幼儿阅读行为、阅读理解上的要求越高，幼儿的阅读兴趣就越低。早期阅读是培养孩子阅读兴趣的开始，其重点在于培养孩子良好的阅读习惯，让孩子具备一定的阅读能力，而非在阅读中认识多少字词、习得多少知识。因此，在早期阅读阶段，家长对孩子的阅读不要抱有太多功利性目的，要求孩子在阅读之后就要记住讲的什么内容、文章表达了什么意思等，这可能很快就会扼杀他们继续阅读的兴趣。

2. 选择适宜的早期阅读材料

家长要学会辨别和选择合适的早期阅读材料和资源。首先，材料的安全性是第一要义，尤其对于1岁以内的孩子而言，他们会将各种物品放到嘴巴里，因此更要关注所选材料的安全性。其次，阅读材料的选择要考虑到孩子的兴趣，家长自身也要成为阅读者，掌握一定的选书技巧，材料内容要适合孩子的年龄层次和认知水平，可以尽量选择感知对象突出、色彩鲜艳、图文并茂、画面清晰的阅读材料。

3. 创设良好的阅读环境

良好的阅读环境可以激发孩子阅读的欲望，因此创设良好的阅读环境是开展早期阅读的重要保障。一方面，家长要关注家庭阅读的外部环境。家长可以为孩子设置一个光线明亮、空间得当、环境安静的阅读角，还可以在阅读角放置适合孩子高度的书桌和书架，提供适合孩子阅读的书籍，并经常更新图书。另一方面，家长应为孩子创设适宜的阅读氛围。家长可以直接介入阅读过程，在亲子共读中通过言语讲解帮助孩子理解读物内容，还可以通过表扬、拥抱等方式鼓励孩子的阅读行为，让孩子在不断的阅读中建立自信心，也让孩子在阅读中获得成就感。

4. 运用多元化的亲子阅读方法

多元化的亲子阅读方法可以让孩子在听、看、讲、玩的过程中感受阅读内容，为孩子的语言发展奠定良好的基础。共同阅读、对话式阅读、游戏性阅读等都是适合孩子特点的阅读方式。

共同阅读是家长和孩子一起进行阅读活动，是适合于年龄小的孩子的阅读方法。家长和孩子可以反复阅读同一本书，在阅读的过程中可以向孩子提出一些简单的问题，以提高孩子的理解能力和语言组织能力，同时在阅读中要注意观察孩子的反应，及时给予孩子鼓励和支持。

对话式的阅读方法要求家长把孩子视为平等的阅读伙伴，和孩子谈论书中的内容，这种方式可以吸引孩子的注意力，增强孩子的专注性。

游戏是孩子喜爱的活动，是他们认识世界的一种方式。因此，可以借助游戏的方式开展阅读活动，激发孩子的阅读兴趣。如在阅读中借助手偶、积木等玩具，演绎故事书中的情节，提高孩子的故事理解能力；或者和孩子一起创编一个新故事。这种语言游戏能够激发孩子学习语言的积极性和表达的欲望，使其在潜移默化中增长词汇量，让孩子在语言表述能力得以提高的同时也发展了想象和创造能力。

第七章　家庭中的艺术启蒙

第一节　家长要正确认识艺术启蒙

艺术是一种能够表达自己对周围世界的认知和情绪态度的独特方式。3 岁前儿童的艺术启蒙在于让儿童通过多感官的参与，增强其艺术敏感性，感受美的熏陶。对于 3 岁前儿童来说，喜欢艺术活动比获得艺术知识更为重要，他们在家长的带领下不断发现、感受以及欣赏来自于自然环境和生活环境中的美，在这一过程中提升自身的审美能力和艺术素养。

麦麦妈妈是一位小学老师，她和老公痴迷于音乐，认为孩子学习钢琴是最重要的事，其他的一切都要为学钢琴让路。因此，从她怀孕开始，就进行音乐胎教，每天听 2~3 个小时著名的钢琴曲。麦麦出生后，他们就省吃俭用，筹划着在麦麦 2 岁时买一架好钢琴，并给他请最好的钢琴老师。除此之外，夫妻俩还打算从麦麦幼儿园开始，周一、周三、周五三个晚上和周六、周日两个早上去上钢琴课，除非有特殊情况，否则绝不间断。

1 岁 10 个月的亮亮对画画非常有兴趣。有一次，亮亮画了一张有力度的连续圈圈，说是苹果、草莓和橙子。在妈妈眼里，这张“四不像”实在过于幼稚和笨拙。于是，妈妈笑着拿起了另一张纸，把苹果、草莓和橙子画给他看。亮亮拿着妈妈画的图画，非常高兴。但后来，只要看见亮亮画的图画“不像”，妈妈就会主动示范。一段时间后，令妈妈感到意外的是，亮亮的作品线条没有以往的舒展流畅，而且力度也减弱了，作画能力不仅没长进，反倒不爱画了，即使想画什么也都是让妈妈来。

艺术启蒙不等于艺术教育，艺术启蒙更强调孩子获得艺术表现与创造能力、艺术感受与欣赏能力。家长需要对儿童艺术启蒙有正确的认知，才能达到提高孩子审美能力、完善人格的目的。

故事中的麦麦妈妈和亮亮妈妈，都更加强调艺术活动的目的性，将艺术启蒙视为让孩子获得艺术技能为主的偏离式教育。由于此时孩子身心发展特点及其艺术能力发展水平，并不能满足家长对孩子的高要求和高期望，因此家长的目的性太强相反还会降低孩子的艺术兴趣。尊重孩子的艺术天性，遵循自然发展规律，保护孩子的艺术潜能，激发孩子的艺术兴趣，远比让他们掌握一项技能更为重要。

教子有方小课堂

1. 树立科学的艺术教育理念

当家长认为艺术启蒙是以传授艺术知识技能为目的时，就会倾向于采取机械训练的方式，以成人的标准衡量孩子的艺术表现，如画得像不像、舞蹈动作是否标准等。而当家长在艺术启蒙活动中更关注孩子的自由表现与创造能力，尊重和理解孩子的个性发展时，能够给予孩子更多感受、体验和探索的空间。因此，家长在艺术启蒙教育活动过程中，首先要树立科学的艺术教育理念，尊重孩子的艺术行为表现，关注孩子兴趣的转折点，以此来培养孩子的艺术审美和艺术素养。

2. 正视家庭艺术启蒙的目的

儿童艺术启蒙虽然不强调艺术技能的习得，但并不意味着孩子只是漫无目的的“玩”。通过家庭艺术启蒙，孩子可以从生活中初步获得感受美与表现美的能力，如孩子走进美术馆时所做出的动作、发出的声音等，都是他们对艺术作品感受的外部表现。另外，家庭艺术启蒙的目的不仅仅存在于艺术领域，还可以与其他领域融合来帮助孩子多方面的发展，如在涂鸦完成后要求孩子将材料收拾完毕，在艺术活动中引导孩子养成良好行为习惯，培养孩子社会性的发展。

第二节　创设适宜的家庭艺术环境

良好艺术环境的创设是发掘、保护孩子艺术潜能的沃土，适宜、和谐、优美的家庭艺术环境可以使儿童在潜移默化中受到熏陶。儿童是天生的音乐家和舞蹈家，只要家长为其提供适当的机会，他们将会以各种极富创意的方式抒发他们对艺术的感受。因此，家长可以通过对家庭物质环境的创设以及家庭精神环境的营造，将艺术启蒙渗透于孩子生活的各个领域，浸润孩子的生活。

卡尔·威特很小就开始识字，4 岁会阅读，8 岁就能听懂多国语言。老卡尔认为他培养孩子成功的经验在于“耳朵是音乐的魔力”，他说：“孩子一出生就可以听见声音，从上帝赐予我小卡尔的那天起，我就开始训练小卡尔的听觉，让她聆听各种悦耳的声音。跟其他孩子不同，我一直让小卡尔生活在有声音的环境中，而且可以毫不夸张地说，小卡尔是听着他母亲的歌声长大的。”

一位心理学教授花费了 3 年的时间研究环境颜色对儿童游戏和学习的影响。他挑选了一些天花板较低的房间，把墙壁分别涂刷成不同的颜色，然后让孩子们在不同颜色的房间里玩耍和学习。结果发现，在那些暖色调墙壁的房间里（墙壁颜色为淡蓝色、黄色、橙色和黄绿色的房间），孩子们玩耍时会更加机敏，富有创造性。

家庭是儿童艺术启蒙的重要场所。如果将一个具有艺术天赋的孩子放在一个从来不开展艺术活动，没有音乐、美术等艺术形式的环境中，那么他可能会逐渐丧失对艺术的敏感性；反之，将一个天赋一般的孩子放在一个优美的艺术环境中，由具有艺术素养的成人加以引导，就能使其艺术能力得到充分的发展。

正如故事中，悦耳的声音环境丰富了小卡尔的童年生活。心理学教授从科学研究的视角，探讨了良好物理环境的创设对孩子学习和游戏的积极作用，也验证了家庭艺术环境对于孩子艺术启蒙的重要价值。

教子有方小课堂

1. 家庭物质环境的创设

家庭物质环境主要涉及家庭居室环境的设计与装修、艺术工具与材料的提供。在美术方面，3岁前儿童正处于典型的涂鸦阶段，一些手印画、自由甩画等活动可以较好地满足孩子的创作需求。因此家长可以给孩子提供充分的活动空间，以及充足的绘画工具和材料，如画笔、彩纸等。在音乐方面，3岁前儿童的辨音能力、节奏感正逐渐发展，家长可以为孩子设计良好的音乐环境，购买一些小乐器，如铃鼓、钢片琴、电子琴等，还可以自制一些带响声的玩具，让孩子可以自由地敲、摸，通过发出声音激发孩子的兴趣。

此外家长在给孩子选择适当的艺术材料时可以参考以下几条原则：

开放性：材料的选择要尊重其开放性，简单易上手的材料是家长的首要选择。孩子的想象力与创造力可以让他们开发出多种多样的玩法与搭配，当材料的用途只有一种或者使用困难时，他们可能就会因为丧失兴趣而主动放弃。家长可以与孩子一起探究和实验，提升他们的创新能力和解决问题的能力。

丰富性：艺术来源于生活。家庭中有许多我们平时关注不到的艺术材料，家长可以打破思维局限，带领孩子一起定期整理家里的材料（如纽扣、边角料、碎布头、纱线和缎带等），以及一些要被丢弃却可另作他用的材料（如塑料瓶盖、厚纸箱，以及各种规格的铝箔罐等）。

适宜性：材料的提供要符合孩子的身心发展特点，家长们要为其挑选适宜孩子年龄段的材料、工具，注意细碎又小巧的材料可能会被孩子误吞，造成危险。

2. 提供轻松自由的家庭艺术氛围

家庭艺术氛围是家庭精神环境的重要表现，轻松自由的氛围为儿童的艺术活动提供了重要的精神基础。在艺术活动中，家长尽量不要干预，而是让孩子进行自主操作；当孩子沉浸于作品创作时，家长不要干扰、打断孩子的创作过程。家长要了解并倾听孩子对艺术作品的解释，不要用“像不像”“好不好”等标准来评价孩子的作品，要肯定孩子作品的优点，保护孩子的艺术兴趣。尤其需要注意的是，无论是孩子的涂鸦，还是对音乐的感受，孩子总会制造出“混乱”，对此，家长要持宽容、开放的态度接受孩子所带来的这种混乱。如果因孩子在画画时不小心弄脏了桌面、在锅碗瓢盆的叮叮当当中产生噪声，家长便大发雷霆，就不利于孩子艺术表现能力的发展。

第三节　家庭中涂鸦活动指导

中国著名的儿童教育家陈鹤琴先生将儿童绘画发展分为四个时期。其中 1~2 岁称为涂鸦期，这一阶段的孩子还没有画画的意识，他们的兴趣在于手部的运动所带来的快感，那些乱画的线就是涂鸦画。2~3 岁是象征期，这一时期是介于涂鸦和真正绘画之间的一个过渡时期。圆形是儿童画画时最早出现的图形，是他们绘画的最初表现，随后会出现一些其他图形，孩子们开始为自己作品命名，给成人阐述他们画的是什么。

对于 3 岁前儿童而言，涂鸦是其表达自身情感的方式，此时画笔是他们最有趣的玩具之一。他们对画笔所呈现出来的线条十分惊奇，地板上、墙面上可能都会有画笔存在的痕迹。3 岁前儿童的涂鸦活动对其手、脑、眼睛的配合，对其视觉、色彩感知等都会有很大的帮助，这也正是美术启蒙的积极意义。

2岁的小杰把一张白纸放在桌上，在一个调色盘里挤了一些颜料，有红色、蓝色、黑色和白色。他还弄来一个长柄刷子，用刷子蘸上一些蓝色颜料，涂到纸上，接着再蘸些红色颜料，再涂到纸上。接下来，小杰用刷子在其他颜料中都蘸了一下，直到颜料开始从刷子上滴下来，他用手举着刷子，看着颜料滴到桌子上。他把刷子末端放在纸上，画了一个小圈，然后把纸上的那团颜料涂开。他再次把刷子浸入三种颜料中蘸满，然后把它们涂到纸上。接着他把调色盘上的所有颜料都混到一起，倾倒在纸上。他用刷子把倒出来的一摊颜料涂遍整张纸，时而从左到右，时而从上到下，时而打着圈圈。

涂鸦是孩子们的天性，是他们进行自我表达的一种方式。2岁的小杰沉浸在自己创作的世界中，他开始能够画出一些小圈，并且在探索不同颜色混合所带来的乐趣。虽然他的涂鸦没有成人所认为的造型、色彩和构图，也看不出画的到底是什么，但涂鸦对于小杰来说是有趣的，他能够在涂鸦的过程中获得运动快感。

在很多家长眼里，孩子的涂鸦是一种乱涂乱画的捣蛋行为，没有任何意义和价值，甚至还会破坏家庭环境，污损家具、弄脏衣服等。正是因为家长对孩子涂鸦行为错误的认知，导致很多家长会限制孩子的涂鸦行为，或者用自认为“合理”的方法教孩子“画画”。事实上，无论是制止孩子涂鸦，还是“教”孩子画画，都是在剥夺孩子自我探索、自我发展的权利，成为孩子成长道路上的绊脚石。

教子有方小课堂

1. 正确看待涂鸦活动

家长要正确看待涂鸦活动，对于孩子而言涂鸦是一种游戏活动，而非技巧性的学习活动。孩子的涂鸦没有明确的绘画构思和目的，是以游戏的形式随意进行玩笔、画线条的活动。家长可以为孩子准备一块白板，或者贴上墙纸，提供适宜的涂鸦笔等，给孩子提供可以尽情涂鸦的环境。

2. 对孩子的涂鸦给予积极回应

家长对孩子涂鸦作品的积极回应是激发其创作的动力。首先，家长要做的是对孩子的作品进行鼓励和表扬，帮助他保持对涂鸦的热情和积极性。其次，家长可以邀请孩子讲述他的涂鸦作品，并进行有效的互动。在讲解过程中，家长可以积极参与到孩子的游戏中，如："哇，你的小狗画得很好哟！妈妈也来画一只吧。快看，小狗在玩小皮球呢！"家长可以将自己的绘画水平降低到和孩子同等的程度，模仿孩子的方式来进行游戏。这样既是给予孩子的绘画作品以积极的强化，鼓励他再次进行涂鸦，同时也可以避免孩子产生挫败感，失去对涂鸦的兴趣。

3. 通过涂鸦培养儿童的综合能力

涂鸦活动需要通过孩子的操作来实现，1岁多孩子的手、眼、大脑及肌肉协调能力逐渐得到发展，此时孩子对拿笔和涂涂画画有着十分浓厚的兴趣，尽管孩子握笔的姿势有些笨拙，但对孩子的手部灵活性、腕部关节的发展，以及小肌肉群的协调等都有很大的帮助，对发展孩子的观察能力、想象能力及创造能力，培养其手眼协调等都有益处。

第四节 家庭中音乐活动指导

音乐是声音的艺术，是听觉的艺术，可以满足儿童的精神需求。音乐活动也是刺激儿童大脑发展的重要途径之一，家长可以充分利用听、看、唱、玩等游戏刺激儿童，让孩子体验音色、节奏、力度等的变化，这对于增强儿童的记忆力、创造力、想象力发挥着重要作用。

刚出生 12 个小时的新生儿，会随着人的呼吸声等一些声响扭动自己的头部寻找声源，同时还会通过各种动作来表示他听到了声音，如稍微皱一下眉头，或惊跳一下，或者出现呼吸节律的变化等。随着年龄的增长，2~3 个月时，孩子能逐渐区分成人发出的声音，当听到母亲说话的声音时，孩子会安静下来，有时会兴奋起来，并“努力”地做出反应；当听到美好的音乐时会显得快乐无比，甚至激动得手舞足蹈起来；再大一点的孩子听力越来越强，能有目的、较准确地寻找声源，同时会发出声音呼应。

3 岁的豆豆跟妈妈玩“敲一敲”游戏。妈妈将大鼓、小鼓排在一起，拿起鼓槌敲一下大鼓，“咚”，妈妈说：“好大声啊！”妈妈给豆豆一根鼓槌，豆豆敲敲小鼓，“咚”，妈妈说“声音小了”，并鼓励豆豆用力敲，咚、咚、咚；轻轻敲，咚、咚……妈妈敲一次，豆豆敲一次，豆豆看到妈妈那么用力很兴奋，他也学着用力。一会儿重一会儿轻地敲鼓游戏给豆豆带来了快乐，豆豆在参与这个游戏的过程中，声音重和轻（强和弱）的概念已经悄悄地传递给了他。

故事中新生儿对声音的反应说明听觉训练的必要性，家人的说话声或者优美的歌声都能给婴儿带来快乐感和安全感，促进婴儿感知觉的发展。

3 岁前儿童对于音乐力度的感知非常有限，他们需要通过外部渠道来刺激其对音乐力度的敏感性，获得亲身体验。“敲一敲”对于豆豆来说是一个好玩的游戏，通过妈妈引导，豆豆在游戏过程中不仅体验了音乐的强弱力度，更获得了游戏所带来的愉悦和满足。

教子有方小课堂

1. 为孩子提供多样化的倾听机会

对于0~3岁儿童来说，倾听应始终贯穿在生活中，家长要为孩子创设良好的倾听环境。家长在与孩子交流时可以利用身体部位发出不同的声音，如拍手声、跺脚声等，还可以模仿各种不同的声音让孩子感知，也可以为孩子购买一些可以发出声音的玩具，如风铃、拨浪鼓、玩具钢琴等，孩子可以通过对不同玩具声音的感受，丰富有关不同音色的经验。

家长可以在家里播放不同的歌曲和不同乐器的演奏作品，让孩子潜移默化地感受音乐之美。家长还可以带孩子到户外，引导孩子关注自然中各种好听的声音，如鸟的叫声、水流动的声音等，引发孩子对声音的敏感性，促进孩子音乐感知能力的提高。

2. 给孩子提供模仿练习的机会

1岁以后的孩子已经具备了模仿能力，他们可以通过观察和模仿获得对音色的分辨能力及节奏感的掌握。在孩子倾听各种不同声音的基础上，家长可以示范、鼓励、引导孩子模仿不同的声音，如不同动物的声音、汽车的声音等，在模仿练习的过程中增强孩子对于发声系统的控制能力，以及对音色的感知能力。另外，家长还可以给孩子播放节奏感强的音乐，引导孩子跟随音乐一起摆动；鼓励孩子主动去敲击能发出声音的物品或者乐器，引导其进行有节奏的敲打，并及时给予表扬。

3. 通过游戏进行音乐启蒙教育

家长可以在游戏中和孩子一起进行音乐活动，培养孩子的音色感知能力和节奏感。以下是列举的一些游戏类型以供家长参考：

（1）敲打类游戏。家长可以为孩子提供小鼓、沙锤、串铃、锣等乐器，甚至可以是木块、塑料等生活中常见物品给孩子自由玩耍，孩子可以在游戏的过程中自然而然地掌握不同物品的音色。

（2）你问我答类游戏。家长可以运用多个能发出不同声音的物品，在孩子看不到的情况下使其发出声音，让孩子判断是哪个物体发出的声音，过程中可以适当地增加节奏感，培养孩子的节奏感知能力。此外，伴随音乐跳舞等活动同样可以培养孩子的节奏感和对不同音色的感知，还有助于孩子创造力和想象力的发展。

第八章　家庭中的家长教育

第一节　家长要做好育儿准备

家长的教育素养是家庭教育的重要前提和基础。一对夫妻并不是在孩子出生后就能自然而然地成为合格的家长。准家长们在孩子出生之前就应该有意识地提高自身的教育素养，为孩子出生后的家庭教育做好准备，其中包括学习育儿基本知识和方法；购置新生儿生活必备品和保障母婴健康的基本用品；妥善处理生育、抚养与家庭生活、职业发展的关系；统一家庭教育观念，营造安全、温馨的家庭环境。

一位刚满30岁的新手妈妈自述道："我的女儿名叫索菲。刚开始我知道索菲哭闹有三个原因：困了，饿了，该换尿不湿了。索菲2周大时我开始给她用安抚奶嘴，虽然开始我不愿意这么做，不过事实表明这的确是最好的做法。找到她喜欢的奶嘴之后，她立马就安静下来了。医生跟我说喂奶不需要把宝宝喊醒，喂奶前先换尿不湿。所以我先换尿不湿后喂奶，吃饱后她又接着睡。索菲6周大时，哭闹是为了要抱抱。有时她太困了，需要帮助才能入睡，几周后我也习惯了。等她 8 周大时，多了一个步骤，换尿布、喂奶、玩耍、睡觉。有时玩耍太久，她会特别累，但是我们的作息时间很有规律，我能猜到她为什么哭，所以能及时哄她睡觉。所以我的建议是形成固定的作息时间，并且列出待做事项清单。”

一位 33 岁的新手爸爸自述道：“我的女儿名叫霍莉。前几个星期为了帮孩子妈妈分担，我负责做家务、做饭、遛狗、帮霍莉换尿布和洗澡。我还鼓励妈妈，说她把宝宝照顾得很好，给她增强信心。其实孩子哭闹只不过是因为一些小事，比如饿了、困了或者该换尿不湿了，了解了这些，我就不再紧张了。”

当一个新生儿来到一个家庭，也就意味着家里的每个人都要做好角色调整。刚刚经历生产的妈妈一方面需要提前做好功课，及时捕捉到宝宝的需求，另一方面也要关注自身情绪和身体的变化，给自己时间来适应初为人母的生活。此时，爸爸需要做好两件事：一是和妈妈一起照顾宝宝；二是要照顾妈妈，并给予妈妈鼓励和支持。

教子有方小课堂

1. 为婴儿准备生活必需品

首先，在室内环境方面，应尽可能地保持安静、干燥和良好的通风。其次，在生活用品方面，给孩子买衣服可以选择大一号、具有良好舒适度的棉质衣服，还要注意衣物安全性，避免衣服上的纽扣或丝线给孩子造成危险。孩子所有被褥和衣服要进行彻底的清洗、消毒。此外，家长还需要购置婴儿床、纸尿裤、婴儿湿巾、奶瓶、柔软的毛巾以及消毒用具，还可以准备一些安抚玩具等。

2. 调整自身角色定位

妈妈需要知道的事：

从怀胎十月到分娩，初为人母是一件辛苦又美好的经历，随之而来的是照料这个小生命的责任感和使命感。新手妈妈们可以从以下方面入手：

（1）和爸爸一起学习基本育儿知识。妈妈可以将需要帮助的事情列出清单交给爸爸，如让爸爸给孩子洗澡、换纸尿裤、帮助喂奶等，让爸爸在孩子成长中有一定的参与感。作为新手爸妈，可以从抱婴儿的正确姿势和孩子的日常清洁、穿脱衣物、洗澡等内容入手，学习基本的护理技能。

（2）关注自己的情绪，预防产后抑郁。在经历分娩之后，很多妈妈都会出现情绪低落的情况。妈妈身体的不适，再加上孩子出生后需要精心的照料，使得妈妈手忙脚乱，身体和精神都处于疲惫状态。妈妈可以在白天或傍晚做一些温和的伸展运动，也可以睡前播放舒缓的音乐，或尝试做一些深呼吸；还可以从朋友或家人那里获得支持，如请一个信任的人帮忙照顾孩子，以便让自己拥有更多的独处时间。

（3）关注爸爸的情绪状态。爸爸虽然没有经历像妈妈一样的生理性变化，但孩子出生后的情绪低落也是很普遍的。孩子的出生一方面使得爸爸感觉自身的责任急剧增加，另一方面也使得家庭生活方式发生了改变，爸爸们也需要时间来调整自己，进入婚姻新的阶段。

爸爸需要知道的事：

当新手爸爸们对应该做什么不知所措时，可以从以下方面入手：

（1）给妈妈和孩子提供一个舒适整洁的生活环境。乱糟糟的家庭环境会让妈妈的心情变得糟糕，进而可能会影响到孩子，因此有时间的爸爸们可以多分担些家务活。

（2）给妈妈提供无微不至的照顾，并密切关注妈妈的情绪状态。爸爸要有一定的敏感度，注意倾听妈妈的需要，帮助妈妈做好产后的营养与卫生工作。此外，如果发现妈妈出现情绪低落、哭泣、焦躁不安等情况，爸爸要及时帮助妈妈排解不良情绪，如多和妈妈聊天，让妈妈出门放松等。

（3）和妈妈一起照顾孩子。照料孩子从来都不是妈妈一个人的事情，爸爸也是育儿过程中不可或缺的角色。爸爸可以通过网络、书籍、育儿讲座等途径补充自己的育儿知识，学习如何照料孩子、培养孩子良好的作息习惯，获得育儿技能。

第二节　孩子的成长必须有父亲参与

苏霍姆林斯基说："父亲教育自己的子女是一个公民最重要的、应排在第一位的社会工作。"但在"男主外、女主内"的传统观念影响下，不少孩子的父亲以工作繁忙、挣钱养家为理由，把养育孩子的任务完全推给母亲，很少和孩子一起共度时光，对孩子的态度也比较冷漠，甚至严厉、粗暴，导致"丧偶式育儿"现象的出现。但对于孩子来说，来自父亲的关照和母亲的关爱并不冲突，由于父亲角色受到男性气质、社会期待等影响，其在思维方式、交流方式和行为方式上与母亲有很大的差异，父亲参与到孩子成长过程中，对孩子身体发育、智力发展、人格构建和性别角色的形成具有独特的价值。

诸多心理学家研究了父亲对孩子成长的积极影响，发现在孩子出生的第一年里，如果父亲较多参与孩子的抚养工作，那么孩子在成长过程中表现出的认知水平更高；如果孩子在5个月之前与父亲有较多的接触，那么当他面对陌生人时，更加不容易退缩，且有更多的回应；父亲在孩子12~18个月的阶段内与孩子的相处，会影响他成长过程中的同伴关系；在5岁之前有父亲照顾和陪伴的孩子，长大以后社交能力更强，并且更容易体贴和同情他人。

在许多孩子的记忆里，父亲的角色模糊不清，父亲的缺席给孩子的内心留下了空白。3 岁之前是孩子建立亲子依恋的关键时期，抓住“黄金期”与孩子亲密互动可以帮助父亲与子女建立良好的亲子关系。

教子有方小课堂

1. 父亲要转变传统分工观念

父亲只有在思想上意识到参与教养的重要性，转变传统的家庭分工模式，才有可能参与到育儿过程中。首先，父亲要认识到参与育儿对孩子发展的重要价值。研究发现，父亲参与育儿会让孩子表现出更多积极的人格特质和较少的情绪问题。其次，父亲要打破传统文化中不苟言笑、具有权威性的“严父”形象和家庭中的“赚钱养家者”角色的刻板印象。在社会转型时期，父亲同样也是照料子女日常生活的“奶爸”。一个好的父亲除了为孩子提供物质条件外，还需要满足孩子对父亲的情感需求，父亲也应积极和子女进行沟通和交流，成为孩子的照顾者和支持者。

2. 父亲要主动学习育儿知识

掌握一定的育儿知识和育儿方法，是有效教养子女的重要途径。父亲可以在和孩子日常生活的互动中总结成功的教养经验，知道哪些方法对孩子来说是有效的，在后续互动中可以经常使用；哪些方法并不合适，未来需要避免。父亲可以和孩子的母亲、祖父母多沟通，还可以多看、多听、多读相关资料，学习育儿技巧，了解育儿常见的问题，并根据相关建议调整自己不科学的育儿方法，更有效地参与到育儿过程中。

3. 家庭成员要鼓励父亲参与育儿

家庭成员对父亲的支持与鼓励有助于父亲在互动中实现“儿童照顾者”身份的转变，是激励父亲参与子女成长的重要机制。作为儿童成长主要照顾者的母亲首先要转变自身观念，破除传统性别角色下对父亲的刻板印象，给予父亲一定的照料自主权，对父亲的参与给予认可和鼓励。另一方面，祖辈在参与教养过程中要注重界限感，为父亲参与儿童教养提供条件，给予父亲信任与支持，减少对父亲照料的干预和否定，以此提升父亲在育儿过程中的教养效能，形成对父亲参与的积极强化，实现良性循环模式。

第三节　隔代教养要爱而不“溺”

很多父母由于种种原因将孩子交给老人抚养和教育，我们将其称之为隔代教养。有相关数据显示，中国近八成的家庭是祖辈参与教养的，其中幼儿园前的超过 70%。随着三胎政策的实施，生育二胎、三胎的家庭日渐增多，爷爷奶奶、外公外婆参与抚养、教育孙辈的比例还将有所上升。隔代教养是儿童早期家庭教养的主要形态之一，一方面祖辈家长因已养育过一代子女，有着较为充足的时间和丰富的生活经验，能够在孙辈成长中提供一定的帮助；另一方面在“含饴弄孙”传统观念的影响下，祖辈在给予孙辈教养时会付出更多的情感。但祖辈作为隔代抚育者，在照顾孙辈的过程中会受到自身所处时代和环境的影响，在教养观念、教养行为上存在一定的局限性，如对孙辈的溺爱和放纵。两代家长教养观念上的代沟，造成教育行为上的不一致，甚至会产生家庭矛盾和冲突。因此，我们应正确发挥祖辈教养的优势，避免其消极影响，才能促进儿童的健康成长。

米米刚过两岁，爸爸妈妈因为工作的关系把米米放在外婆家，由外婆负责白天照顾他。最近，妈妈在培养米米自己吃饭的能力。妈妈要求米米吃饭的时候坐在自己的餐椅上，前半程自己动手吃，后半程有需要妈妈再喂。但每当吃饭时外婆总会在旁边唠叨：“我们米米还小，自己怎么吃得好？”米米一听见外婆的唠叨，就会撒娇说：“米米要外婆喂！”外婆只要听见米米的“召唤”，便会兴冲冲地走上前，乐滋滋地喂米米吃起来。妈妈则一脸无奈地看着祖孙俩……

3 岁的小茹和爸爸妈妈、爷爷奶奶住在一起。因为爸爸妈妈工作忙，小茹主要由爷爷奶奶照顾。妈妈不准小茹吃糖，但是小茹常常趁妈妈不在的时候，恳求爷爷奶奶给她买糖吃，还跟爷爷奶奶达成共识，不要把吃糖的事情告诉妈妈。

祖辈教养虽然优势众多，但其对儿童发展的不良影响也不容忽视。许多祖辈会有“自己年轻时没有给予子女很好的照顾，从而将这份爱补偿到孙辈身上”的念头，从而形成“隔代亲”的养育难题，祖辈可能会无条件地满足孩子的需求，即溺爱孩子。溺爱是一种失去理智和原则的爱，会阻碍孩子的健康成长。

故事中的米米外婆，对孩子的溺爱表现为包办代替，孩子本来可以自己做的事情，由于外婆的溺爱，却需要家长来做，这种包办代替的行为，一定程度上阻碍了孩子的独立性发展。小茹的爷爷奶奶的溺爱表现为对孩子需要的轻易满足，孩子想要什么就立即给什么，长久下来，可能会导致孩子不懂得珍惜和感恩，并且很难养成忍耐力和延迟满足能力。

溺爱对孩子的成长存在消极影响。由于长期处于被溺爱的状态，会造成孩子不会从他人的角度考虑问题，不会为他人着想；因为家长长期无条件对孩子无理要求的满足，长久下来就会导致孩子性格骄横；家长的包办代替让孩子“饭来张口，衣来伸手”，孩子就会变得日益懒散，缺乏吃苦耐劳的精神。

教子有方小课堂

1. 祖辈要更新教养理念

一方面，祖辈的教养观念受到其过去经验的影响，且有时很难把控宠爱和溺爱的界限，在面对孩子的要求时容易妥协、纵容。因此，祖辈可以通过参加家长课堂、阅读家庭教育相关书籍等方式，来更新自己的教养理念，学习科学的育儿知识。另一方面，祖辈在养育过程中，面对孙辈无理的要求时要坚持教养原则，防止感情用事，促进孙辈的健康成长。

2. 父母和祖辈要加强沟通，达成一致

首先，父母对祖辈的付出要有认同感，要肯定祖辈的价值，感谢他们为孙辈所付出的劳动，同时要理解祖辈在教养时的难处，避免求全责备。这种尊重和理解能够帮助父母和祖辈建立较为和谐的关系。父母和祖辈应经常就孩子的教养问题进行及时的沟通与交流，而不要当出现问题后才进行沟通，出现问题后的沟通会让父母和祖辈关系变得紧张，更不利于交流。可以选择恰当的时机，全家人坐在一起，围绕孩子的培养目标、孩子出现的问题等进行讨论，达成共识。父母在和祖辈沟通时要注意态度，要温和诚恳，通过摆事实、讲道理，让祖辈接纳自己的观点。如果祖辈不能完全接纳父母的观点，也可以协商解决方案。

总之，祖辈和父母都要认识到父母才是孩子的首要负责人。教养孩子是父母的重要职责，需要父母亲力亲为。在育儿过程中祖辈也应意识到不应该替代父母承担责任，而应该发挥辅助、协助作用。

第四节　帮助孩子做好入园准备

3岁前儿童的教养主要在家庭中进行，有其熟悉的环境和照料者；3岁之后，他们要从家庭走向“社会”，开启自己的幼儿园新生活。走进幼儿园对孩子说来是一个重要事件，这是孩子们第一次离开熟悉的环境、第一次离开家人的呵护、第一次进入一个集体，是他们成长中的重要转折点。与幼儿家庭教育不同，幼儿园教育的主要特点是：幼儿园属于教育机构，对幼儿实施分班集体教育；教育活动是有目的、有计划进行的，具有非随意性；以游戏活动为基本活动形式；园内生活建立有常规，要求幼儿遵守一定的规则；普通话被规定为园内用语。为让孩子尽快适应入园的生活、游戏和学习，入园前家长应该帮助孩子做好物质上和心理上的准备。

培培九月份即将进入幼儿园，他的妈妈却越来越担心培培的入园生活，经常和朋友们吐露焦虑：“我家那小子不太擅长和其他孩子交流，还喜欢抢别人的玩具，在幼儿园里岂不是要惹是生非？”“我要让他学会穿衣服，穿袜子，穿鞋。”“我打算给他报个英语课，我周围的小朋友都报名了。”

3岁的小华马上就要读幼儿园了。小华妈妈说：“现在一想到孩子要去幼儿园了我就轻松。但是越临近入园，小华对学校的抵触就越大。有时只要一提起学校，他就会放声大哭。

唉，别看他年纪不大，但粘人的本事却不比女生差。我们家最近一直在给他做入园准备，比如按照幼儿园时间安排作息，教他穿鞋、穿衣和上厕所等等，我想把所有的东西都提前教给他。”然而，当妈妈想起小华在开学时要面对的分离焦虑，她又变得更加焦虑：“我把孩子送进幼儿园，和他分开就是我最伤心的时候。”

在孩子从家庭步入幼儿园的过程中，家长和孩子都会存在一定的焦虑和迷惘。每年 9 月份，我们都能在幼儿园门口看到“亲子分离”场景：一边是揪着家长衣服、抱着家长脖子不松手甚至号啕大哭的孩子，一边是满脸无奈、束手无策的家长。3 岁左右的孩子对家长有着较强的依赖性，初入幼儿园后与家长分离，面对陌生的幼儿园环境，孩子就会产生一种焦虑不安的情绪，会有不适应的行为。此时，家长需要为孩子做好充分的准备，帮助他们度过分离焦虑期。

故事中的妈妈面对孩子入园表现出了自己的忧虑：孩子不够独立、担心老师照顾不过来等。其实家长有顾虑是一种正常现象，但如果过度焦虑，就会通过语言、行为等方式传递给孩子，进而加重孩子的焦虑感，此时家长要做的是积极帮助孩子进行一些入园准备，并相信孩子自己有能力做好。

教子有方小课堂

1. 孩子和家长都要做好入园前的心理准备

孩子入园的心理准备不仅包括孩子自身的心理准备，也包括家长的心理准备。对于孩子来说，要让孩子知道自己长大了，要上幼儿园了。家长可以提前带孩子去看一看幼儿园，让孩子了解在幼儿园可以干什么，讲述一下上幼儿园的乐趣，如“幼儿园里面有很多非常好玩的玩具”“幼儿园里有许多同龄的小伙伴，可以和他们一起玩”等，让孩子感觉到幼儿园是一个美好的地方，心生向往。家长要多陪伴孩子，多讲讲幼儿园的故事，但要注意千万不要对孩子说“你这么调皮，送你到幼儿园，让老师收拾你”“再不听话，把你送到幼儿园，让老师把你关起来”等一些让孩子恐惧幼儿园的话语。

对家长来说，家长要正确认识和对待分离焦虑，要明白孩子初入园有哭闹是很正常的现象。面对孩子的哭闹，家长要坚持自己的原则，避免出现“孩子在园待两天，家里玩三天”的情况。家长要给予幼儿园老师充分的信任。另外，家长对幼儿园、对老师的信任会帮助孩子建立对新环境的安全感，更有助于帮助孩子度过适应期。家长应当坚信，孩子有很强的适应能力，只要给予适当的帮助，孩子会顺利迈好人生的第一步。

2. 培养孩子良好的生活自理能力

良好的生活自理能力有助于孩子减少入园焦虑，增强其自信以更好地适应幼儿园生活。孩子自理能力训练可从以下几个方面入手：

睡眠训练：通常幼儿园的午睡时间在 12：00~14：30。家长可以提前 2 个月按照幼儿园的作息时间安排，尽量在 12 点前结束午餐，引导孩子漱口、擦嘴、脱衣上床睡觉。在 14 点左右准时叫醒，晚上睡眠时间也要调整固定下来，21 点之前应该陪伴孩子入睡。

吃饭训练：如果现在你的孩子吃饭还是家长“追在屁股后面喂”，那一定要想办法纠正。要加强训练孩子独立吃饭的能力，细嚼慢咽，吃饭时不说话，不东张西望。可以通过固定孩子的餐椅、餐具等方式来培养孩子养成好习惯。

如厕训练：孩子初上幼儿园可能会出现因为紧张“尿裤子”的情况，对心理会有影响。所以，家长要提前教导孩子独立上厕所和培养孩子每天定时排便的习惯。

图书在版编目（CIP）数据

0～3岁儿童家庭教育指导手册 / 于冬青主编. 武汉 : 湖北教育出版社, 2025. 4. -- (故事里的家庭教育学 / 赵刚总主编). -- ISBN 978-7-5564-6187-5

Ⅰ. G781-62

中国国家版本馆CIP数据核字第20258FJ743号

0～3岁儿童家庭教育指导手册

0～3 SUI ERTONG JIATING JIAOYU ZHIDAO SHOUCE

出品人　方　平

责任编辑　胡　源　　责任校对　李庆华

封面设计　李　枫　刘静文　　责任督印　刘牧原

出版发行　长江出版传媒　430070　武汉市雄楚大道268号

湖北教育出版社　430070　武汉市雄楚大道268号

经　销　新华书店

网　址　http://www.hbedup.com

印　刷　湖北新华印务有限公司

地　址　武汉市硚口区长风路31号

开　本　710mm×1000mm　1/16

印　张　8.75

字　数　105千字

版　次　2025年4月第1版

印　次　2025年4月第1次印刷

书　号　ISBN 978-7-5564-6187-5

定　价　30.00元
